Jürgen Kegler

Ihr seid das Licht der Welt

Jürgen Kegler

Ihr seid das Licht der Welt

Predigten

Fromm Verlag

Impressum/Imprint (nur für Deutschland/ only for Germany)
Bibliografische Information der Deutschen Nationalbibliothek: Die Deutsche Nationalbibliothek verzeichnet diese Publikation in der Deutschen Nationalbibliografie; detaillierte bibliografische Daten sind im Internet über http://dnb.d-nb.de abrufbar.

Coverbild: www.ingimage.com

Contact:
International Book Market Service Ltd., 17 Rue Meldrum, Beau Bassin, 1713-01 Mauritius
Website: www.bookmarketservice.com
Email: info@bookmarketservice.com

Gedruckt in: USA, UK, Deutschland. Dieses Buch wurde nicht in Mauritius produziert.

Imprint (only for USA, GB)
Bibliographic information published by the Deutsche Nationalbibliothek: The Deutsche Nationalbibliothek lists this publication in the Deutsche Nationalbibliografie; detailed bibliographic data are available in the Internet at http://dnb.d-nb.de.

Cover image: www.ingimage.com

Contact:
International Book Market Service Ltd., 17 Rue Meldrum, Beau Bassin, 1713-01 Mauritius
Website: www.bookmarketservice.com
Email: info@bookmarketservice.com

Printed in: U.S.A., U.K., Germany. This book was not produced in Mauritius.

ISBN: 978-3-8416-0323-4

Vorwort

Mit den Predigten in diesem Band komme ich dem Wunsch von Gemeindegliedern und Prädikantinnen und Prädikanten nach, Predigten nachlesen zu können bzw. Anregungen für das eigenen Predigen zu bekommen. Darum werden dort, wo den Predigten Perikopentexte zugrunde liegen, die jeweiligen Sonntage im Kirchenjahr angegeben. Die Überschriften sollen in prägnanter Weise einen Aspekt der Predigt widerspiegeln.

Eine erste Sammlung von Predigten habe ich im Jahr 2001 in dem Aufsatzband „dass Gerechtigkeit und Friede sich küssen (Ps 85,11), Beiträge zur Erforschung des Alten Testaments und de antiken Judentums Bd. 48, Peter Lang Verlag, Frankfurt u.a. S. 294-368 zusammen mit Rundfunkansprachen veröffentlicht. Eine zweite Predigtsammlung erschien 2010 unter dem Titel „Ganz nahe ist dir das Wort (Dtn 30,14)“, Spenner, Kamen. Dem Fromm-Verlag bin ich zu großem Dank verpflichtet, dass er bereit ist, in diesem Jahr 2012 diesen Band herauszugeben.

Die Predigten wurden in verschiedenen Gemeinden in der Evangelischen Landeskirche in Baden gehalten. Mögen sie dazu anregen, immer neu auf die Botschaft der biblischen Texte zu hören!

Plankstadt, im Frühjahr 2012

Jürgen Kegler

Inhaltsverzeichnis

Parteiliche Gerechtigkeit

Jeremia 23,5-8 / 1. Sonntag im Advent

Liebe Gemeinde,

an den Bahnhöfen hängen große Plakate. Gelbliche mit der Überschrift: Abfahrt, weiße mit der Überschrift: Ankunft. Da stehen dann die Zeiten, an denen die Züge ankommen bzw. abfahren. Und da schauen vor allem Menschen drauf, die abreisen wollen, aber auch Menschen, die auf jemand warten. Wann kommt der Zug? Wann soll er ankommen? Und dann baut sich eine Spannung auf, wenn der Zug nicht pünktlich ankommt. Es entsteht eine innere Spannung, eine leichte Nervosität: Hoffentlich kommt er bald! Wie lange wird er sich verspäten?

Als im 19. Jahrhundert in den Vereinigten Staaten die großen Eisenbahntrassen gebaut wurden, tausende Kilometer lang, da war natürlich der Wunsch, schneller am Zielort anzukommen als mit der Postkutsche. Eines Tages – Sie kennen die Geschichte - hat sich auch ein Indianerhäuptling mit einigen Getreuen getraut, eine Reise von über tausend Kilometern mit dem Zug anzutreten, weil man ihm gesagt hatte, dann wäre er einen Tag früher am Ziel. Als die indianische Reisegruppe wohlbehalten am Zielbahnhof ankam, geschah etwas Verwunderliches. Die Indianer setzten sich auf den Bahnsteig und verharrten in Schweigen. Lange, sehr lange, stundenlang. Die Weißen, die das beobachteten, wunderten sich oder spöttelten über diese "Primitiven". Schließlich ging einer auf den Häuptling zu und sagte: "Jetzt seid ihr die lange Strecke mit dem Zug gefahren, seid einen Tag früher angekommen und vertrödelt jetzt die ganze Zeit, die ihr gewonnen habt. Warum?" Da antwortete der Häuptling: "Die Seele muss noch ankommen".

Advent - Ankunft: auf der einen Seite die nervöse Spannung: Wann kommt er an, auf der andere die gelassene Ruhe die wartet, bis die Seele die Strecke, die der Körper gefahren ist, nachgeholt hat.

Auf zweifache Weise können uns diese Beispiele hinführen zu dem, was Advent ist. Sich ausrichten an einer Erwartung, eine Spannung hin, einem zu begegnen, auf den man wartet, bis er endlich da ist. Oder aber: sich Zeit nehmen, damit das, was wichtig ist, in mir zur Ruhe kommt. Zu einer Einheit von Körper und Seele.

Und dann gibt es noch eine dritte Adventsstimmung: Eine tiefe Hoffnung und Sehnsucht auf etwas Neues. Eine Hoffnung, dass ein Wandel beginnt, eine Wende. Aber nicht eine, die Menschen machen - wie schnell da Hoffnungen enttäuscht werden, können wir gerade in unsren Tagen erleben - sondern eine, die durch Gott bewirkt wird. Davon ist die Bibel voll. Altes und Neues Testament.

Einer dieser Hoffnungstexte steht bei Jeremia, dem Propheten des Exils, der wie kein anderer am eigenen Leib den Niedergang seines Staates und seines Volkes erlebt hat - voller Schmerzen und bitterer Enttäuschung.

Jeremia 23,5-8 *Siehe, es kommt die Zeit, spricht Adonaj (der HERR), dass ich dem David einen gerechten Spross erwecken will. Der soll ein König sein, der wohl regieren und Recht und Gerechtigkeit im Lande üben wird. Zu seiner Zeit soll Juda geholfen werden und Israel sicher wohnen. Und dies wird sein Name sein, mit dem man ihn nennen wird: "Adonaj (d.h. der HERR) unsere Gerechtigkeit.*

Recht und Gerechtigkeit stehen in diesem Prophetenwort im Mittelpunkt, zwei Begriffe, die bis heute immer wieder angestrebte, aber nie erreichte Ziele sind.

Diese Hoffnung, hat sich bis heute nicht so verwirklicht. (Darum ist es unsinnig und falsch, das Verhältnis von AT und NT im Sinne von Verheißung und Erfüllung zu verstehen. Auch im AT gibt es erfüllte Verheißung und in beiden Testamenten noch ausstehende, unerfüllte Verheißungen.) Auf der Welt gibt es nirgendwo einen Staat, in dem Gerechtigkeit für alle besteht. Was könnten Sie mir nicht alles auf Ihren eigenen Erfahrungen erzählen, wo Ihnen im Lauf Ihres Leben, vielleicht sogar in Ihrem Beruf, Ungerechtigkeiten begegnet sind oder noch begegnen. Und jemand, der sein Recht will, muss oft einen langwierigen und kostspieligen Gerichtsinstanzenweg durchlaufen, an dessen Ende manchmal doch nur der Vergleich steht, weil die Rechtsfindung nicht möglich war.

Die Menschen damals hofften auf einen idealen König, ganz im Denken ihrer Zeit verhaftet. Und da man von der Zeit Davids nur noch das Positive im Gedächtnis hatte, erschien diesen

Menschen ein neuer Nachfahre Davids als das Ideal. Wir würden heute für die gleiche Hoffnung und Sehnsucht nach Gerechtigkeit in dieser Welt andere Modelle finden. Nicht allein auf einen Mann, sondern auf eine Demokratie hoffen, in der jeder das Wohl aller im Auge hat, nicht das einer Interessengruppe. Die Hoffnung aber, dass in dieser Welt Gerechtigkeit herrschen soll, ist wohl in jedem von uns vorhanden, vielleicht versteckt hinter Zynismus oder Resignation,. Darum ist die Sehnsucht, die aus diesem Bibelwort spricht, auch noch ein Stück weit unsere Sehnsucht.

Aber er geht darüber noch hinaus. Der erwartete ideale Herrscher soll den Namen tragen: Adonaj, nach Luther: Der HERR, Gott also, ist unser Heil. Damit wird ausgesagt, dass es letztlich Gott ist, der eine gerechte Herrschaft errichten will auf dieser Erde. Dein Reich komme ... beten wir in diesem Sinn mit Jesu Worten.

Wenn wir diese alttestamentliche Prophetenhoffnung vom Neuen Testament her lesen, fällt noch einmal ein neues Licht auf diesen Text. Jesus, über den Zimmermann Joseph aus dem Geschlecht Davids stammend, wird im Neuen Testament als dieser angekündigte Herrscher, der Gerechtigkeit schafft, gesehen.

Aber wie total anders ist seine Herrschaft von der anderer Herrscher. Seine Gerechtigkeit wird nicht durch Gesetze und Verordnungen, nicht durch Macht oder Institutionen ausgeübt, sondern durch sein Mitleiden, Mitfühlen mit den Menschen, den Armen seiner Zeit, die am meisten litten: mit den Kranken, Aussteigen, den Ausgelachten. Seine Gerechtigkeit besteht in der Parteinahme für sie. Dadurch, dass er auf die Seite der Mühseligen und Beladenen tritt. Ihr los, ihr Schicksal, ihr Leben teilt, weil er es lebt. Ihr Leiden auch leidet. Sprecher derer zu sein, die keine Fürsprecher haben. Das ist seine Form der Herrschaft. Seine radikale Liebe zu Gott und den Menschen.

Hier wird Herrschaft neu gedacht: als tätige Hilfe, Dienen, An-die-Seite-Treten. Sich der Macht ausliefern. Der leidende Gerechte - das ist seine Form gerechter Herrschaft. In einem tiefen, vielleicht dem tiefsten überhaupt denkbaren Sinn hat er den prophetischen Satz: "Gott unsere Gerechtigkeit" gelebt. Diesem Gott hat er sich ganz und gar übergeben, anvertraut und kindlich-innig vertraut. Abba, lieber Vater ...

Vielleicht hat Advent in unserer heutigen Zeit die besondere Bedeutung, diese innige Vertrautheit mit Gott zu lernen und die daraus erwachsende Liebe zu den Menschen in sich zu entdecken.

Kirche muss und soll daran erinnern, was Advent heißt: Wir haben eine Hoffnung auf eine Welt, die so gestaltet werden wird, wie Gott sie will. Wir haben eine Hoffnung auf Gerechtigkeit und Frieden unter den Menschen. Wir haben eine Hoffnung, dass der, der einst unter uns lebte, um eine neue Form des Herrschens unter uns Menschen aufzurichten lebt und schon jetzt regiert, dass Er lebt und weil er lebt auch wieder ankommen wird. Mitten bei uns.

Klarheit

Matthäus 17,1-9 / Letzter Sonntag nach Epiphanias

Und nach sechs Tagen nahm Jesus mit sich Petrus und Jakobus und Johannes, dessen Bruder, und führte sie allein auf einen hohen Berg. Und er wurde verklärt vor ihnen, und sein Angesicht leuchtete wie die Sonne, und seine Kleider wurden weiß wie das Licht.
Und siehe, da erschienen ihnen Mose und Elia; die redeten mit ihm.
Petrus aber fing an und sprach zu Jesus: Herr, hier ist gut sein! Willst du, so will ich hier drei Hütten bauen, dir eine, Mose eine und Elia eine. Als er noch so redete, siehe, da überschattete sie eine lichte Wolke. Und siehe, eine Stimme aus der Wolke sprach: Dies ist mein lieber Sohn, an dem ich Wohlgefallen habe; den sollt ihr hören!
Als das die Jünger hörten, fielen sie auf ihr Angesicht und erschraken sehr. Jesus aber trat zu ihnen, rührte sie an und sprach: Steht auf und fürchtet euch nicht!
Als sie aber ihre Augen aufhoben, sahen sie niemand als Jesus allein. Und als sie vom Berge hinabgingen, gebot ihnen Jesus und sprach: Ihr sollt von dieser Erscheinung niemandem sagen, bis der Menschensohn von den Toten auferstanden ist.

Liebe Gemeinde,

Evangelien sind nicht nur die Träger froher und freimachender Botschaften, Evangelien sind nicht nur auf vielfältige Weise Wort Gottes, sie sind auch meisterhafte Kunstwerke.

Kunstwerke weniger in literarischer Hinsicht, obwohl dies herauszuarbeiten Generationen von Theologen beschäftigt hat, sondern vor allem theologische Kunstwerke.
Kunstwerke erschließen sich nur durch intensives Betrachten und durch Verstehen der Traditionen, in denen der Künstler steht.
Evangelien erschließen sich nur durch intensives Betrachten und genaues Hinschauen auf die Texte und durch Verstehen der Traditionen, in denen der Evangelientext steht.
Denn er arbeitet mit Bezugnahmen auf Traditionen, mit Anspielungen oder mit der Aufnahme von Bildern voll theologischer Bedeutung

Genau hinschauen - genau hinhören auf den Text, das ist ja eigentlich das Wesen der Predigt. Stellen wir uns dieser Aufgabe.

Nach sechs Tagen ... so beginnt der Text. Warum die Zahl sechs? Wenn wir jetzt in einem Bibelgesprächskreis säßen, würden wir miteinander überlegen, welche Bedeutung die Zahl sechs in der Bibel hat. Eine der Bedeutung könnte sein: am sechsten Tag, so erzählt die Schöpfungserzählung, schuf Gott die Tiere und die Menschen - also die Lebewesen auf der Erde. Könnte es sein, dass Matthäus uns damit einen Hinweis geben will, dass das, was jetzt geschieht, etwas mit Leben zu tun hat?

Drei Jünger nimmt Jesus mit sich. Eine Gruppe in der Gruppe der Jünger. Warum drei von 12? Ist das nicht ein Bevorzugung? Oder ein Modell von kollektiv-kommunikativ-demokratische Leitungsorganisation? So dass Jesus schon zu Lebzeiten die Führung der Jünger nicht einer Autorität, sondern einem Gremium von Dreien anvertrauen wollte? Wir kennen die drei schon: Petrus, Jakobus und Johannes. Vom Garten Getsemane her. Wo sie schlafen, als Jesus mit Gott ringt. In der Parallelüberlieferung bei Lukas wird dieses Motiv der schlafenden Jünger tatsächlich noch einmal überliefert. Nicht so bei Matthäus. Die drei Jünger sollen vielmehr die wachenden, beobachtenden, miterlebenden Augen- und Ohrenzeugen repräsentieren - Symbol und Vorbild für die Gemeinde.

Auf einen hohen Berg führt Jesus sie. Die Tradition hat diesen Berg später mit dem Har Tabor, dem Berg Tabor, identifiziert. Ströme von Touristen fahren heutigentags die gewundene Serpentinenstraße hinauf zu den Pforten der Kirche, die dort errichtet wurde. Aber bei Matthäus hat der Berg keinen Namen. "Hoher Berg", damit verbindet sich in der Bibel immer die Nähe zu Gott. Gottesberg heißt es manchmal. Jeder, der hören kann, weiß jetzt schon: Hier geschieht eine Begegnung mit Gott.

Er wurde verklärt, heißt es weiter, vor ihnen. Ich habe früher immer Probleme mit diesem Wort gehabt. Verklärung. Verklärt schauen sich Verliebte an. Oder wenn jemand schwärmt von einem Filmstar oder Rockstar, dann kriegt der glänzende Augen. Aber das ist hier nicht gemeint. Verklärung meint vielmehr: hier wird etwas klar für die, die zusehen. Und die Aura dessen, der verklärt wird, wir sichtbar. Und das beschreibt Matthäus mit faszinierenden Bilder aus der alttestamentlichen Tradition: Sein Angesicht strahlt wie die Sonne - das wird in den

Psalmen von Gott gesagt; und seine Kleider wurden weiß wie das Licht - das wird in der Offenbarung des Johannes von den Märtyrern im himmlischen Hofstaat Gottes gesagt.

Und da haben wir diese kunstvollen Verbindungen: hier wird eine Brücke geschlagen zwischen Jesus und Gott auf dem Hintergrund des Alten Testament; und zwischen Jesus und der Erhöhung zur Rechten Gottes als apokalyptische Hoffnung des Neuen Testaments. Die Bilder schaffen Bezüge, stellen Bindungen und Verbindungen her und entfalten dadurch eine Deutung der Person Jesu: Um ihn ist die Klarheit, das Licht - und damit das Leben - Gottes.

Und noch haben wir das Beziehungsgeflecht der Bilder noch gar nicht recht verarbeitet, schon wird ein neues hergestellt: zwischen Mose, Elija und Jesus.

Nichts anderes wird im Text gesagt, als dass Mose und Elija erscheinen. Und doch wird damit Deutung, wird Theologie entfaltet.
Mose, da erinnert sich jeder an die Begegnung mit Gott auf dem Berg Sinai, an die Zehn Gebote, an sein glänzendes Angesicht, das er mit einem Tuch verhüllen muss, damit es die Menschen nicht blendet. Mose, das meint auch Exodus, Befreiung aus der Sklaverei Ägyptens, meint Weg durch die Wüste, Führung und Bewahrung. Mose meint vor allem aber auch Tora. Er ist der Übermittler der Tora, der Weisung Gottes zum Leben. Wenn er erscheint und da ist neben Jesus, dann meint das: Jesus steht in und unter der Tora. Er erfüllt den Sinn und Geist der Tora Gottes.
Elija, da erinnert man sich vielleicht an die Begegnung mit Gott auf dem Berg Horeb, wo Gott im nicht in Sturm und Erdbeben, nicht im Feuer, sondern im *demama daqa*, im gefüllten Schweigen begegnet. In der Holocaust-Gedenkstätte Yad WaSchem findet sich im Eingangsbereicht eine Bronzetafel, auf der ein Gedicht von Nelli Sachs´ eingraviert ist, das die Überschrift trägt: *demama daqa*. Sie meint damit das Schweigen der jüdischen Opfer auf dem Weg zu den und in den Gaskammern der Konzentrationslager. Elija ist auch der Prophet, der am Ende der Zeit wiederkommen soll, wie es Maleachi verkündet hat. Wenn er erscheint und da ist neben Jesus, dann meint das: die Verheißung erfüllt sich, das Eschaton, die endzeitliche Heilszeit bricht an.

Kunstvoll holt Matthäus die Theologie wieder auf den Boden der Erzählung zurück, indem Petrus sagt: "Herr, hier ist gut sein!" Petrus hat zumindest dies erkannt, dass es um ein heilvolles Geschehen geht. Und in seiner praktischen Art macht er den Vorschlag, Hütten zu bauen. Er will den Augenblick festhalten. Oder er will den Ort, an dem Heiliges geschieht, zu einem Ort dauernder Residenz machen. So wie später immer da Kirchen gebaut wurden, wo der Tradition nach etwa Heiliges passiert sein soll oder geschehen ist. Zugleich enthüllt aber die Rede des Petrus ein Geheimnis: Er ordnet Mose und Elija und Jesus gleich. Für alle drei je eine Hütte.

Und wieder geschieht auf kunstvolle Weise ein Neues. Petrus wird indirekt kritisiert. Indirekt deshalb, weil eine lichte Wolke auch die Jünger mit überstrahlt. Und - hier sehen wir die sprachliche Kunst: die lichte Wolke überschattet sie. Das ist wie ein Paradox. Entweder es ist Licht oder es ist Schatten. Aber eben beides ist da, in der Art, wie Petrus, wie er als Stellvertreter für uns, Dinge wahrnimmt. Plötzlich sind alle in der Helligkeit. Mose, Elija, Jesus. Und doch geschieht eine indirekte Korrektur, eine Klarstellung. Durch eine himmlische Stimme, also durch Gott selbst. ER ordnet Jesus dem Mose und dem Elija vor. Er wiederholt noch einmal die Worte der Taufe. Hier wird also die Deutung der Person Jesu als geliebter Sohn Gottes durch die Taufe, von der letzten Sonntag zu hören war, noch einmal bekräftigt. Und noch einmal folgt eine Klarstellung, eine Klärung: die bei der Taufe gesagten Wort: "Dies ist mein lieber Sohn, an dem ich Wohlgefallen habe" wird erweitert um drei Worte: "Hört auf ihn!" Das ist die Klarstellung. Das, was bei der Taufe geschah, war nicht ein Geschehen zwischen Gott und Jesus, sondern ist ein Geschehen zwischen Gott und uns. Hört auf ihn. Das ist die Botschaft an die Jünger und damit stellvertretend an uns. Auf Jesus hören, heißt hören, was Gottes Wille für die Welt, was Gottes gute Weisung für uns ist: seine Liebe zu uns leben. Miteinander. Untereinander. In der Art, wie wir miteinander leben.

Jetzt erst kriegen die Jünger einen Schreck. Nicht schon bei der Lichtüberflutung Jesu, sondern bei dieser Aufforderung: Hört auf ihn. In der Tat, das macht ja auch einen gehörigen Schrecken. Denn wir alle wissen ja, dass wir das Ideal der Liebe zu Gott und dem Nächsten kennen, aber immer wieder daran scheitern, es zu leben. Fürwahr. das kann man nur erschrecken.

Und jetzt erleben wir den, auf den wir hören sollen, gleich in der Art, wie er mit dem Schrecken der Jünger umgeht.
Er rührt sie an. Ein zärtliche Geste. Nicht ein Wort, sondern erst eine Berührung. Vater oder Mutter streicheln ein Kind, wenn es Angst hat. Die Berührung beruhigt.

Steht auf! Das könnte auch heißen: bleibt nicht in der Angst und Furcht stecken, verkriecht euch nicht, geht nicht zurück in die kindliche Regression, stellt euch der Anforderung.
Und erst jetzt das, was wir vielleicht gleich erwartet hätten: Fürchtet euch nicht!
Denn es geht ja, wie wir ganz am Anfang gesehen haben, um Leben. Auf Jesus, auf Gottes Wort hören, heißt ja, sich dem Leben öffnen. Dem, was befreit von Angst und Furcht und Schuld und Belastung.
Therapeut und Seelsorger ist Jesus in dieser kurzen Szene - und doch geschieht Elementares, Grundlegendes. Hört auf ihn - das wird hier gleich praktisch, lebenspraktisch und heilend sichtbar.

Ja, und da sind sie dann allein mit Jesus. Jetzt haben die Jünger wenigstens noch die Chance, auf ihn direkt zu hören - und wir haben die Chance, durch das Kunstwerk des Evangeliums dieses Hören miteinander einzuüben.

Auslegung öffnet Augen

Lukas 24,44-49 / Himmelfahrt

Er sprach aber zu ihnen:
"Das sind meine Worte, die ich zu euch gesagt habe, als ich noch bei euch war:
»s muss alles erfüllt werden, was von mir geschrieben steht im Gesetz des Mose, in den Propheten und in den Psalmen«
Da öffnete er ihnen das Verständnis, so dass sie die Schrift verstanden, und sprach zu ihnen:
"So steht's geschrieben, dass Christus leiden wird und auferstehen von den Toten am dritten Tage; und dass gepredigt wird in seinem Namen Buße zur Vergebung der Sünden unter allen Völkern. Fangt an in Jerusalem, und seid dafür Zeugen. Und siehe, ich will auf euch herabsenden, was mein Vater verheißen hat. Ihr aber sollt in der Stadt bleiben, bis ihr ausgerüstet werdet mit Kraft aus der Höhe."
Er führte sie aber hinaus bis nach Betanien und hob die Hände auf und segnete sie.
Und es geschah, als er sie segnete, schied er von ihnen und fuhr auf gen Himmel.
Sie aber beteten ihn an und kehrten zurück nach Jerusalem mit großer Freude und waren allezeit im Tempel und priesen Gott.

Liebe Gemeinde,

man kann einen Bibeltext auf verschiedene Weise lesen. Zum Beispiel kann man den Text so lesen, dass vor dem inneren Auge Bilder entstehen. Wir alle lesen Romane oder Erzählungen so, dass wir beim Lesen Bilder erzeugen. Wir stellen uns die Personen vor, die Orte, an denen das Geschehen spielt, wir stellen uns die Räume und Gebäude vor, in denen sich die Akteure aufhalten. Wenn man den Bibeltext so liest, dann bleibt wohl als stärkstes Bild der Augenblick, in dem Jesus sich segnend von den Jüngern entfernt und in den Himmel auffährt. Wobei sich jeder dies sicherlich anders vorstellt. Mit diesem Bild haben wir zugleich die meisten Schwierigkeiten, weil es sich mit unserem naturwissenschaftlichen Wissen stößt.
Man kann den Text auch so lesen, dass man fragt: worauf kommt es in diesem Text an, was ist das Ziel, weshalb Lukas uns dies erzählt. Auch darauf gibt es meist keine eindeutige Antwort. Jeder Leser findet vielleicht ein anderes Ziel des Textes. Darum sollte man darum

auch nicht streiten, sondern sich vielmehr freuen über den Reichtum, der in dem Text enthalten ist. Mir scheint das Ziel in der Verheißung zu bestehen: Jesus sendet seinen Jünger und den Nachfolgern seiner Jünger, also uns, seinen Geist. "Und siehe, ich will auf euch herabsenden, was mein Vater verheißen hat. Ihr aber sollt in der Stadt bleiben, bis ihr ausgerüstet werdet mit Kraft aus der Höhe." (V.49) Jesus sendet, Gott hat verheißen. Hier wird die Nähe Jesu zu Gott deutlich. Der Geist wird als Kraft aus der Höhe bezeichnet, als himmlische Kraft. Das ist eine großartige Bezeichnung des Heiligen Geistes: Er ist eine Kraft, die in uns wirkt. Die uns stärkt. Die uns Mut macht gegen Angst und Depression. Die uns stark macht in den Konflikten dieser Welt. Die uns stark macht zur Liebe. Die uns stark macht in der Hoffnung. Die uns stark macht, Gott zu vertrauen.

Man kann den Text auch so lesen, dass man nach den einzelnen Personen fragt, die im Text vorkommen und danach, was sie tun. Von Jesus wird gesagt:

* er spricht,
* er öffnet ihnen das Verständnis der Schrift,
* er führt sie hinaus,
* er hebt die Hände,
* er segnet,
* er nimmt Abschied.

Im Urtext steht übrigens nicht, wie Luther übersetzt: Er fuhr auf gen Himmel, sondern: er wurde hochgehoben in den Himmel. Für mich ist dies ein anderes Bild: Jesus wird getragen. Himmelfahrt = Gott trägt Jesus zu sich.

Jesus öffnet den Jüngern das Verständnis der Schrift. Die Schrift, das Alte Testament, ist Grund und Bezugspunkt für das Verständnis des Handelns Gottes in der Welt. Darum muss man gerade auch als Christ intensiv das Alte Testament lesen und verstehen lernen. Es ist unerlässlich. Offenbar verstehen die Jünger die Bibel nicht richtig. Es ist nötig, dass Jesus ihnen die Augen öffnet, dass er ihr Verständnis weckt.

Das Alte Testament, die Bibel Jesu, das Gesetz des Mose, die Prophetenbücher und die Psalmen, enthalten Hinweise auf den leidenden Christus, auf seine Auferstehung und die Notwendigkeit der Bußpredigt, damit die Vergebung der Sünden bewirkt werden kann. Sagt Jesus. Es ist übrigens eine großartige Beschreibung dessen, worum es im Alten Testament geht: Vergebung bewirken.

Dass das Alte Testament Bußpredigten enthält, wissen Sie alle. Ich erinnere etwa an Jona, der der Stadt Ninive die große Bußpredigt hält, aber auch an alle anderen Propheten und auch Mose ruft immer wieder zum Umkehr auf. Was aber hat Jesus gemeint, wenn er von

Hinweisen auf den leidenden Christus in der Schrift spricht? Das ist heute der große Streitpunkt zwischen Juden und Christen. Alle Hinweise auf Leiden im Alten Testament kann man als Hinweise auf Leiden von Menschen lesen und als Hinweise auf das Leiden des Volkes Israel oder auch auf die Leiden der Menschheit. So lesen es die jüdischen Ausleger. Christliche Ausleger bestreiten das nicht, aber sie sagen: darüber hinaus kann man sie auch messianisch lesen. Also als Hinweise auf den Messias Jesus.

Etwa das berühmte Lied vom leidenden Gottesknecht: "*Er hatte keine Gestalt und Hoheit. Wir sahen ihn, aber da war keine Gestalt, die uns gefallen hätte. Er war der Allerverachtetste und Unwerteste, voller Schmerzen und Krankheit. Er war so verachtet, dass man das Angesicht vor ihm verbarg; darum haben wir ihn für nichts geachtet. Fürwahr, er trug unsre Krankheit und lud auf sich unsre Schmerzen. Wir aber hielten ihn für den, der geplagt und von Gott geschlagen und gemartert wäre. Aber er ist um unsrer Missetat willen verwundet und um unsrer Sünde willen zerschlagen. Die Strafe liegt auf ihm, auf dass wir Frieden hätten, und durch seine Wunden sind wir geheilt.*"

Man kann den Text so lesen, dass sich darin eben gerade das Leiden Christi widerspiegelt.

Wenn Jesus den Jüngern das Verständnis öffnet, dann heißt dies doch: seht, so kann man dies verstehen. Man kann es so lesen, und dann ist es wahr. Das Besondere des Abschieds Jesu von seinen Jüngern liegt also zunächst darin, dass er ihnen eine neue Leseweise der Schrift öffnet.

Und er fordert sie damit zugleich auf, die Schrift deutend zu lesen. Das ist die Grundlage dafür, dass wir in Kirche und Universität Auslegung der Schrift treiben. Exegese. Das heißt ja Auslegung und Deutung.

Neben die Auslegung der Schrift tritt der Segen. Hier haben wir beim Abschied Jesu von seinen Jüngern die zwei wichtigen Elemente unserer Gottesdienstes: Auslegung der Schrift und Segen. Ja, man kann fast sagen, dass in dieser Abschiedsszene die Grundlage unseres Gottesdienstes gelegt wird. Beides muss in jedem Gottesdienst vorkommen: Auslegung der Schrift und Segen. Der Segen ist das letzte, was die Jünger von Jesus erhalten. Sein Segen geht mit ihnen. Er bleibt auf ihnen. Er begleitet sie, wenn sie sich auf den Weg machen. Vielleicht ist dies das besondere Geheimnis der Aufhebung in den Himmel: Jesus lässt seinen Segen als eine Kraft bei den Jüngerinnen und Jüngern zurück. Der Segen ist seine Weise des Wirkens, ohne dass er sichtbar anwesend ist.

Schauen wir die anderen beteiligten Personen an: Sie sind zunächst passiv, aber durch die Passivität entsteht eine neue Aktivität.

* Sie hören zu.

* Ihnen wird ein neues Verständnis eröffnet.

* Sie verstehen nun auf neue Weise.

* Sie werden gesandt, dieses Verständnis zu verbreiten und durch ihre Verkündigung die Vergebung vorzubereiten.

* Ihnen wird der Geist verheißen, dessen Kommen wir an Pfingsten feiern.

* Sie werden nach Betanien geführt, an den Ort zurück, wo sie mit Jesus Passa gefeiert hatten.

In dem Augenblick, in dem Jesus aufgehoben ist in den Himmel, werden sie aktiv.

* Sie beten ihn an.

* Dann kehren sie zurück nach Jerusalem.

* Sie sind voller Freude.

* Sie halten sich im Tempel auf.

* Sie preisen Gott.

Das Ereignis der Trennung hinterlässt bei ihnen keinen Abschiedsschmerz, keine Trauer, sondern im Gegenteil: es erfüllt sie mit Dankbarkeit und Freude.

Vielleicht ist dies das heimliche Ziel der Erzählung: Sie will uns mit hineinnehmen in das Gefühl der Freude und Dankbarkeit der ersten Jünger.

Und sie will sagen: dass Jesus für euch nicht sichtbar ist, soll kein Anlas sein für Trauer und Resignation.

Sondern: ihr habt eine Aufgabe zu erfüllen an der Welt und für die Welt.

Eure Aufgabe ist es, den Boden zu bereiten, damit Vergebung möglich wird. Das ist euer Dienst für den Frieden in der Welt und für den Frieden der Seele. Himmelfahrt ist Freiheit für die Erdenarbeit. Und deren eigentliche Aufgabe ist: Predigen zur Vergebung von Schuld. Ach, wie weit sind wir davon in unseren Kirchen entfernt! Immer noch wird Kirche gleichgesetzt mit Moral und Forderungen. Nein, die eigentliche Aufgabe ist, von Vergebung zu erzählen, Vergebung zu leben, Vergebung möglich zu machen, weil Gott sie schenkt.

Trostgeist

Johannes 16,5-15 / Pfingstsonntag

Jetzt aber gehe ich hin zu dem, der mich gesandt hat; und niemand von euch fragt mich: Wo gehst du hin? Doch weil ich das zu euch geredet habe, ist euer Herz voll Trauer.
Aber ich sage euch die Wahrheit: Es ist gut für euch, dass ich weggehe. Denn wenn ich nicht weggehe, kommt der Tröster nicht zu euch. Wenn ich aber gehe, will ich ihn zu euch senden. Und wenn er kommt, wird er der Welt die Augen auftun über die Sünde und über die Gerechtigkeit und über das Gericht; über die Sünde: dass sie nicht an mich glauben; über die Gerechtigkeit: dass ich zum Vater gehe und ihr mich hinfort nicht seht; über das Gericht: dass der Fürst dieser Welt gerichtet ist.
Ich habe euch noch viel zu sagen; aber ihr könnt es jetzt nicht ertragen.
Wenn aber jener, der Geist der Wahrheit, kommen wird, wird er euch in alle Wahrheit leiten. Denn er wird nicht aus sich selber reden; sondern was er hören wird, das wird er reden, und was zukünftig ist, wird er euch verkündigen. Er wird mich verherrlichen; denn von dem Meinen wird er's nehmen und euch verkündigen. Alles, was der Vater hat, das ist mein. Darum habe ich gesagt: Er wird's von dem Meinen nehmen und euch verkündigen.

Liebe Gemeinde,

"Im Mittelpunkt des Johannesevangeliums steht eine Gesandten- Christologie: Jesu Weg führt ihn »vom Himmel herab« wieder »zum Himmel hin« - metaphorische Umschreibungen für Gesandtsein von Gott und Beendigung der Sendung durch den Gang zum Vater hinauf. Das Ziel dieser Sendung war: In Jesus Christus selbst bietet Gott den Menschen sein lebendiges und Leben spendendes Wort an. Der Inhalt dieses Wortes ist Liebe, Einssein. Das Johannesevangelium verfolgt darin eine äußerst konsequente Auslegung des ersten Gebots. Gott ist nicht nur der einzige und eine, er will seine Einheit auch mitteilen, und zwar als Liebe. Daher ist er mit dem Sohn eins und der Sohn mit ihm. Daher ist auch dort Gottes Herrlichkeit, wo die an Jesus Glaubenden einig sind. Jede Liebe bildet direkt Gott ab. - Der Heilige Geist, den Jesus nach seinem Weggang sendet, hat im Johannesevangelium einen besonderen Namen: Paraklet (Helfer, Anwalt). Im Unterschied etwa zu Paulus, wo der Heilige

Geist die Kraft zum Handeln nach Gottes Gebot schenkt und wo er auch die Auferweckung garantiert, wirkt der Paraklet nur begrenzt, und zwar hauptsächlich verbal. Er gibt die Worte zum Widerstehen vor irdischen Tribunalen, er erinnert an Jesu Worte und lehrt ihr Verständnis (hat also im Johannesevangelium selbst ein Zeugnis seines Wirkens hinterlassen)." Mit diesen Worten fasst der Heidelberger Neutestamentler Klaus Berger sein Verständnis des Johannesevangeliums zusammen, nachzulesen in der von ihm und Christiane Nord neu geschaffenen Übersetzung des NT und aller ältesten Schriften des Urchristentums. Ich denke, es ist hilfreich, eine solches Zusammenfassung des Ganzen des Evangeliums vorauszuschicken, bevor wir uns den eben gehörten Text genauer anschauen.

Das Johannesevangelium unterscheidet sich von allen anderen Evangelien durch die Art, wie Jesus redet. Vier Kapitel lang finden wir eine große Rede Jesu, nur hin und wieder von Fragen von Jüngern unterbrochen. In dieser großen Rede finden sich die berühmten Ich-bin-Worte, Worte, die mit "Ich bin" anfangen und etwas von dem Geheimnis, aber auch dem Selbstverständnis Jesu sagen. "Ich bin der Weg und die Wahrheit und das Leben", "Ich bin die Tür zu den Schafen", "Ich bin der gute Hirte", "Ich bin die Auferstehung und das Leben." Jedes einzelne dieser Worte umfasst soviel an Tiefe, Weite und Besonderheit, das man über jedes einzelne lang meditieren kann.

Hier in unserem Text geht es um das Verhältnis Jesu zu seinem Vater und um den Geist. Darum ist er ein rechter Pfingsttext. Obwohl es noch keine Trinitätslehre gibt, also den Versuch, die besondere Beziehung zwischen Gott dem Vater, Jesus dem Sohn und dem Heiligen Geist denkerisch zu bewältigen, sind wesentliche Aspekte schon vorhanden. Gott ist es, der den Geist besitzt, er ist es, der ihn senden kann. Aber da alles, was der Vater hat, dem Sohn gegeben hat, kann Jesus sagen, dass er es ist, der den Geist sendet.

Aber was ist der Geist? Woran erkennt man ihn? Es ist nichts schwieriger, als über den Geist zu reden, weil es unanschaulich ist - oder zumindest so scheint.

Unser Text hilft uns dabei. Jesus sagt eigentlich ganz deutlich, was der Geist wirkt und woran man ihn erkennt.

Das möchte ich entfalten.

1. Der Geist wird Paraklet genannt. Luther übersetzt es mit Tröster. Berger mit Fürsprecher oder Anwalt. Wie immer bei der Übersetzung ist die Bedeutung des Wortes in der Muttersprache vieldeutiger als es eine Übersetzung sagen kann. Sie schränkt immer ein. Also gehen wir allen drei Bedeutungen nach:

a) Jesus wird weggehen. Er wird die Welt verlassen. Damit ist das Thema: Abschied, Sterben, Allein zurückbleiben angesprochen. Der Geist ist die Kraft, die Trost spendet. Darum ist es in diesem Zusammenhang von Abschied und Abbruch richtig, den Geist als Tröster zu bezeichnen. Er tröstet über den Schmerz, den Abschied, die Trauer hinweg - im Geist ist Jesus lebendig und mitten unter den Zurückbleibenden.

b) Johannes schreibt sein Evangelium in einer Zeit, in der die jungen Christen reale Verfolgung durch den römischen Staat erleiden. Der Geist wird den Christinnen und Christen nicht nur den Mut geben, die Verfolgung durchzuhalten, sondern auch die rechten Worte, wenn sie vor Gereicht verhört werden. Darum ist es in diesem Zusammenhang richtig, wenn man den Geist als Anwalt oder Fürsprecher bezeichnet.

Sie sehen, beide Übersetzungen haben ihr Recht. Beide sagen etwas Wesentliches aus über das Wirken des Geistes.

2. Jesus sagt, der Geist wird die Augen öffnen. Die Augen der Welt, also nicht nur der Christen. Die Augen öffnen über drei Dinge:

die Sünde - die Gerechtigkeit - das Gericht. Jesus entfaltet sogleich, was das bedeutet.

a) die Sünde: Jesus sagt ganz eindeutig, was die Sünde der Welt ist: "dass sie nicht an mich glauben". Der fehlende Glaube an Jesus als den von Gott Gesandten und zu Gott zurück gekehrten Sohn. Der Glaube an Jesus wird damit zum entscheidenden Kriterium dafür, ob ich der Sünde verfalle oder nicht. Der zweite Artikel des Glaubensbekenntnisses, den wir wie jeden Sonntag auch heute gesprochen haben, "ich glaube an Jesus Christus, Gottes eingeborenen Sohn...", dieses Bekenntnis ist entstanden, weil der Geist die Augen aufgetan hat - damals vor 2000 Jahren und heute, wenn wir es bewusst nachsprechen.

b) die Gerechtigkeit: sie wird in der Sprache des Johannes ganz verschlüsselt ausgedrückt: dass ich zum Vater gehe und ihr mich hinfort nicht seht. Was hat das mit Gerechtigkeit zu tun? Das kann man nur verstehen, wenn man die gesamte Rede Jesu liest. Zum Vater gehen - das ist im Johannesevangelium gleichbedeutend mit Martyrium, Kreuzigung, Tod und Auferstehung. Indem Jesus diesen Weg geht, bewirkt Gott eine neue Gerechtigkeit: dass nicht mehr wir für unsere Sünden büßen müssen und uns die Last der Verfehlungen auferlegt wird, sondern dass der Sohn sie für uns getragen hat.

"Also hat Gott die Welt geliebt, dass er seinen eingebornen Sohn gab, auf dass alle, die an ihn glauben, nicht verloren werden, sondern das ewige Leben haben", heißt es im 3. Kapitel des Johannesevangelium. Das ist die neue Gerechtigkeit Gottes. Sie kann man erst verstehen, wenn Jesus den Weg zum Vater gegangen ist und damit nicht mehr auf der Erde sichtbar ist. Darum ist es der Geist, der nach Tod und Auferstehung die Augen öffnen musste, damit wir verstehen lernten, was da eigentlich geschah.

c) das Gericht. Der Fürst dieser Welt ist gerichtet. Für die frühen Christen war das römische Reich immer dann, wenn sie verfolgt wurden, das personifizierte Reich des Bösen. In dem die widergöttliche, menschenverachtende, unterdrückende Gewalt des Bösen am Leib und in der Seele erfahren wurde. Gleichsam sichtbare Herrschaft des Bösen und der hinter dem Bösen stehenden teuflischen Macht, die sich zum Herren über Leben und Tod aufschwingt. Durch Christi Sterben und Auferstehen hat Gott diese Macht entmachtet, der Fürst dieser Welt, wie grausam er sich stellt, ist gerichtet. Er kann uns nichts anhaben, denn er ist schon verurteilt. D.h. Gott hat ihm sein Urteil gesprochen.

3. Er ist der Geist der Wahrheit. Erinnern Sie sich. Pilatus fragt Jesus im Verhör: Was ist Wahrheit? Jesus antwortet darauf nicht, denn für ihn heißt von der Wahrheit zeugen, von Gott Zeugnis ablegen. Wenn also Pilatus fragt: was ist Wahrheit? dann weiß er nichts von der Wirklichkeit Gottes. Dann fragt er eigentlich: was ist Gott? Dass Gott und Wahrheit aufs engst zusammengehören, zeigt sich an zwei Aussagen im Johannesevangelium: 4,24 Gott ist Geist, und die ihn anbeten, die müssen ihn im Geist und in der Wahrheit anbeten.

17,17 Heilige sie in der Wahrheit; dein Wort ist die Wahrheit.

Als Geist der Wahrheit wird er uns immer wieder die Wahrheit vor Augen führen - ich denke hier liegt auch eine Wurzel dessen vor, was wir Gewissen nennen. Wenn mich mein Gewissen quält, dann deshalb, weil ich weiß, wie ich mich verhalten müsste, was ich tun müsste, aber nicht getan habe oder tue. Denn in uns steckt das Wissen um die Wahrheit, und wenn wir es hören können, dann spüren wir etwas von dem Wirken des Geistes.

Schließlich sagt Jesus noch: Der Geist wird mich verherrlichen. Der Geist macht Jesus groß und wichtig und zum Gegenstand der Verehrung. Wenn wir in unserer Kirche, in unseren Gottesdiensten Jesus groß machen, ihm Ehrfurcht und Achtung entgegenbringen, wenn er uns wichtig ist und wir ihm in unserem Leben den Platz einräumen, den wir wichtigen Dingen einräumen - dann wissen wird, dass der Geist unter uns ist, den er uns verheißen hat.

Nun aber gehe ich fort zu dem, der mich gesandt hat, und keiner von euch fragt mich: Wohin gehst du? Jetzt ist euer Herz von Trauer erfüllt, weil ich es euch gesagt habe. Doch ich sage euch die Wahrheit: Es ist gut für euch, wenn ich fortgehe. Denn sonst käme der Fürsprecher nicht zu euch. Wenn ich fortgehe, werde ich ihn zu euch schicken. Wenn er kommt, wird er der Welt beweisen, dass es Sünde, Gerechtigkeit und Gericht gib. Sünde gibt es dadurch, dass die Menschen nicht an mich glauben. Gerechtigkeit gibt es dadurch, dass ich zum Vater gehe, so dass ihr mich nicht mehr seht. Das Gericht ist dadurch vollzogen, dass der Herrscher dieser Welt abgesetzt worden ist. Ich hätte euch noch vieles zu sagen, aber dazu seid ihr jetzt noch nicht stark genug. Wenn der wahre Gottesgeist kommt, wird er euch die Augen öffnen für die ganze Wahrheit Gottes. Denn er wird nicht aus eigenem Antrieb reden, sondern weitersagen, was er vom Vater hört, und euch erklären, was dann sein wird. Und er wird mich dadurch verherrlichen, dass er es euch im Sinne meiner Botschaft erklärt. Alles, was der Vater hat, gehört auch mir. Deswegen habe ich euch gesagt, er wird es euch im Sinne meiner Botschaft erklären. (Übersetzung von Klaus Berger und Christiane Nord)[1]

[1] Das neue Testament und frühchristliche Schriften, übersetzt und erklärt von Klaus Berger und Chrisiane Nord, Insel Verlag, Frankfurt am Main und Leipzig 1999.

Gabentisch

1 Korinther 12,4-11 / Pfingstmontag

Es gibt verschiedene Gaben; aber nur den einen Geist.
Es gibt verschiedene Ämter, aber nur den einen HERRn.
Es gibt verschiedene Kräfte, die wirken, aber nur den einen Gott: er bewirkt alles in allen.
In einem jeden offenbart sich der Geist zum Nutzen aller; dem einen wird durch den Geist geschenkt, von der Weisheit zu reden; dem andern wird durch den selben Geist gegeben, die Erkenntnis zu vermitteln; einem andern Glaube, in demselben Geist; einem andern die Gabe, gesund zu machen, in dem einen Geist; einem andern die Kraft, Wunder zu tun; einem andern prophetische Rede; einem andern die Gabe, die Geister zu unterscheiden; einem andern verschiedene Arten von Zungenrede; einem andern die Gabe, sie zu deuten.
Dies alles aber wirkt derselbe eine Geist und teilt einem jeden seine besondere Gabe zu, wie er will.

Liebe ökumenische Gemeinde, liebe Schwestern und Brüder in Christo,

jedes Jahr in der Sommerzeit nehmen die ökumenischen Berührungspunkte sichtbar zu: die ökumenischen Trauungen mehren sich und am Pfingstmontag gibt es den ökumenischen Gottesdienst im Freien. Solche Berührungspunkte haben es in sich. An ihnen spürt man wie in einem Brennglas das Gemeinsame und das Trennende besonders intensiv. Das Gemeinsame beglückt, das Trennende tut weh. Genau darum geht es dem Apostel Paulus.
Paulus hat einen Weg gewiesen. Einen Weg auf dem Hintergrund von Streitigkeiten und Konflikten in Korinth. Von Parteiungen und Kirchen in der Kirche.
Für Paulus ist der Heilige Geist die einheitsstiftende Mitte. Eine Mitte, um die herum eine unendliche Vielfalt bunter, von Gott geschenkte Gaben kreist. Von dieser einheitsstiftenden Mitte her sage ich: die Zukunft der Kirchen liegt darin, dass sie begreifen lernen, dass sich ich jeder Kirche der Geist offenbart zum Nutzen aller.
Ökumene heißt: In einem jeden offenbart sich der Geist zum Nutzen aller.
In jeder Kirche offenbart sich der Geist in ganz besonderer Gestalt.

Der Geist offenbart sich in Ihrer, der katholischen, Kirche:
* im Reichtum ihrer liturgischen Gesängen

* in der Bewahrung und Pflege einer zweitausendjährigen Tradition, insbesondere der apostolischen
* in der unübersehbaren Fülle von Kunstschätzen, beginnend bei den Bauwerken über den Bilderreichtum bis hin zu den barocken Skulpturen
* in der Theologie der Kirchenväter
* in der faszinierenden spirituellen und meditativen Welt des Mönchtums
* in der Askese
* in der Hochschätzung der Maria
* in der Achtung vor Leib und Blut Christi
* in der Offenheit für göttliche Wunder
* im Mysterium
* in der Intensität des Glaubenszeugnisses, vor allem der Märtyrer.

Es gäbe noch sehr viel mehr zu nennen. Doch mag dies genügen. Denn es zeigt einen riesigen Reichtum an Gnadengaben, die von dem einen Geist genährt worden sind.

Der Geist offenbart sich in unserer evangelischen Kirche
* in der Hochschätzung des Wortes Gottes
* in der Predigt als Zentrum des Gottesdienstes
* in der Kirchenmusik (Johann Sebastian Bach)
* in der Pflege der Posaunenchöre
* in der Hochschätzung der Frau als gleichberechtigte Pfarrerin.

Dazu muss ich kurz etwas sagen: Die Forderung der Reformation nach Abschaffung des Zölibats und der Verheiratung der Prediger hatte eine doppelte Stoßrichtung: sie wollte all die befreien, deren Gewissen durch die auferzwungene Askese in ständigen Zwiespalt geraten war und sie wollte dokumentieren: Ein rechter Prediger braucht die Frau. Als Dialogpartnerin. Als Korrektiv. Und als seelische Stütze. Es war ein weiter Weg bis in diese Jahre, dass auch die Ämter den Frauen geöffnet wurden. Erst im Jahr 1992 wurde eine Frau Bischöfin einer evangelischen Landeskirche. Frau Jepsen in Hamburg. Damit ist der von der Reformation als Richtung angegebene Weg zum Priestertum aller Gläubigen ein Stück weit vorangekommen.

* Große Geister aus ev. Pfarrehen
* in der Ablehnung jeder Autorität mit Ausnahme der hl. Schrift
* in den demokratischen Strukturen
* im Priestertum aller Gläubigen
* in der Erforschung der Bibel

Ökumene heißt, Ökumene muss heißen: jeder bringt den Reichtum seiner Tradition ein. Keiner darf sich besser dünken als der andere oder glauben, seine Tradition allein sei die richtige.
Wir alle sind auf dem Weg, den uns der HERR weist.
"Es sind verschiedene Gaben; aber es ist ein Geist. Und es sind verschiedene Ämter; aber es ist ein Herr. Und es sind verschiedene Kräfte; aber es ist ein Gott, der da wirkt alles in allen."
Würde Paulus heute leben und - ich bin vermessen und stelle mir das vor - einen Brief an unsere Gemeinden schreiben, dann würde das, was er den Korinthern sagt, für uns vielleicht so lauten: In euren Gemeinden sind verschiedene Gaben. Da gibt es welche, die gut singen können. Andere, die gut kochen können. Solche, die gut organisieren können, die zuverlässig sind, wenn es darum geht, etwas auf - und abzubauen. Da gibt es welche, die haben gelernt, mit Kindern richtig umzugehen. Andere, die verschiedene Sprachen können, und die mit Menschen aus anderen Ländern in unserer Gemeinde reden können. Da gibt es welche, die haben Erfahrung darin, Leid ertragen zu können. Die wissen, was Krankheit ist. Die wissen, was Abschied nehmen heißt im Angesicht des Todes. Die können von ihren Erfahrungen erzählen und weitergeben, wie man trotzdem mutig und aktiv weiterleben kann.

Es ist ein Geist. Sagt Paulus. Verschiedene Gaben, Fähigkeiten, Möglichkeiten - aber ein Geist.

Da gibt es unter uns Leute, die verstehen es, mit Jugendlichen zu reden. Ihre Nöte und Sorgen zu verstehen. Da gibt es andere, die können die Sorgen und Probleme der Männer verstehen. Andere, die besonderes Gespür für die Sorgen und Leiden der Frauen haben. Wieder andere, die besonders auf seelische Probleme hören können und sich in die Nöte, Sorgen und Bedrängnisse von seelisch Kranken einfühlen können. Was haben wir nicht alles für Gaben bei uns in Mosbach: Konfirmanden, die Instrumente spielen, Kinder, die im Chor und auch solo singen können, Frauen, die wöchentlich für andere Kaffeekochen und einen schönen Nachmittag gestalten, Frauen, die zusammenkommen, um über Dinge zu reden, die ihnen helfen, mit ihrem Alltag fertig zu werden, Männer, die anpacken, wenn es etwas zu organisieren gibt, Erzieherinnen, die unseren Kindern helfen, sich in der Welt zurechtzufinden, Schwestern, die sich um die Kranken und Pflegebedürftigen kümmern und ihnen beistehen - der eine bastelt, der andere kocht Kaffee, der dritte besucht Kranke und Alte

- es sind verschiedene Gaben, aber es ist ein Geist, der Geist, der motiviert: ich will helfen, weil ich durch Jesus erfahren habe, dass dies der richtige Weg ist.

Und es sind verschiedene Ämter: das Amt des Kirchendieners / Messners, ohne die nicht ein Gottesdienst stattfinden könnten, denn sie sorgen für Wärme, Sauberkeit und die schöne Gestaltung unserer Kirchen; das Amt der Sekretärin, ohne die die vielen schriftlichen Arbeiten, die notwendig sind, damit alles richtig wird, undenkbar wären - ein Amt, das schon unter Paulus da war, denn er hat Briefe diktiert; das Amt des Zivildienstleistenden, der nicht nur im Pfarramt und in der Sozialstation, sondern auch in den Kindergärten dringend notwendige Arbeiten vornimmt; das Amt des Kantors und Organisten / Organistin, der den Chor leitet und die Gottesdienste festlich gestaltet - zur Ehre Gottes und zur Freude der Menschen; das Amt der Gemeindediakonin und -referentin, die vor allem die Jugendlichen zu sinnvoller und für sie selbst und für uns alle zu fruchtbarer, kritischer Arbeit und vielfältigem Engagement motiviert; das Amt des Pastoralreferenten und schließlich das des Pfarrers / der Pfarrerin, dessen vornehmste Aufgabe darin besteht, Gottesdienste zu halten und das Wort der Schrift für unsere Zeit verständlich auszulegen und Menschen in kritischen Lebenssituationen beizustehen.

Nicht zuletzt das Amt der Ältesten und -räte, das der Gesamtleitung der Gemeinde verpflichtet ist und dem Wohl der Gesamtgemeinde zu nützen eingerichtet ist.

Und es sind verschiedene Kräfte ...
Sie können dies selbst ergänzen!

Ja, so ist es, sagt Paulus. Alles, was ihr in euren Gemeinden an Gaben, Fähigkeiten, Möglichkeiten habt - das ist ein Reichtum, den Gott euch schenkt.

Geburtshilfe

Johannes 3,1-11 / Trinitatis

Es war aber ein Mensch unter den Pharisäern mit Namen Nikodemus, einer von den Oberen der Juden. Der kam zu Jesus bei Nacht und sprach zu ihm: Meister, wir wissen, du bist ein Lehrer, von Gott gekommen; denn niemand kann die Zeichen tun, die du tust, es sei denn Gott mit ihm.
Jesus antwortete und sprach zu ihm: Wahrlich, wahrlich, ich sage dir: Es sei denn, dass jemand von neuem geboren werde, so kann er das Reich Gottes nicht sehen.
Nikodemus spricht zu ihm: Wie kann ein Mensch geboren werden, wenn er alt ist? Kann er denn wieder in seiner Mutter Leib gehen und geboren werden?
Jesus antwortete: Wahrlich, wahrlich, ich sage dir: Es sei denn, dass jemand geboren werde aus Wasser und Geist, so kann er nicht in das Reich Gottes kommen. Was vom Fleisch geboren ist, das ist Fleisch; und was vom Geist geboren ist, das ist Geist. Wundere dich nicht, dass ich dir gesagt habe: Ihr müsst von neuem geboren werden. Der Wind bläst, wo er will, und du hörst sein Sausen wohl; aber du weißt nicht, woher er kommt und wohin er fährt. So ist es bei jedem, der aus dem Geist geboren ist.
Nikodemus antwortete und sprach zu ihm: Wie kann dies geschehen?
Jesus antwortete und sprach zu ihm: Bist du Israels Lehrer und weißt das nicht?
Wahrlich, wahrlich, ich sage dir: Wir reden, was wir wissen, und bezeugen, was wir gesehen haben; ihr aber nehmt unser Zeugnis nicht an.

Liebe Gemeinde,

hier diskutieren zwei Juden! Nikodemus und Jesus. Wir werden durch unseren Text mitten hineingenommen in die jüdische Kultur. Die eine Diskussionskultur ist, eine Streitkultur, wobei es bei dem wirklichen Streit unter Juden nicht um das Rechthabenwollen geht, sondern um das richtige Verständnis der Tora. Des Willens Gottes für uns.
Eines der eindrucksvollsten Zeugnisse dieser Diskussions- und Streitkultur ist der Talmud. In dem Wort steckt das Verb: Lehren und Lernen. Der Talmud, ich besitze von ihm eine 12bändige deutsche Ausgabe, hat die unterschiedlichen Auffassungen, die beim Streit um das

richtige Verständnis der Bibel geäußert wurden, aufbewahrt. Über Jahrhunderte hinweg. Das sieht dann so aus: Es wird eine Frage aufgeworfen, dann kommt als Antwort die Lehre eines Rabbis, der Einwand eines zweiten, die Antwort eines dritten und so fort; so wird der Leser genötigt, die Argumente zu werten und selbst eine Entscheidung zu treffen, die er aber gut begründen muss. Und zwar aus der Bibel.

Nikodemus redet Jesus mit Rabbi an. Nennt ihn einen Lehrer, einen Melamed, ja mehr noch, einen Lehrer, der Zeichen tun kann - fast wie ein Wunderrabbi. Zugleich schmeichelt er ihm: Die bist ein Lehrer, von Gott gekommen. Niemand kann solche Zeichen tun, es sei denn Gott mit ihm.

Jesus wehrt diese Schmeichelei ab. Sein Satz: Es sei denn, dass jemand von neuem geboren werde, so kann er das Reich Gottes nicht sehen.

Damit sagt er: ein Urteil darüber, ob ich von Gott gekommen bin, oder die Aussage, Gott sei mit mir - die kann man gar nicht äußern, es sei denn, vorher ist etwas Revolutionäres geschehen: ein von neuem Geboren-Sein.

Nikodemus geht nun nicht auf die Ebene ein: wie kannst du so etwas von mir behaupten, sondern er greift das neue Stichwort auf: Wie kann ein Mensch geboren werden, wenn er alt ist? Um dann fast ironisch hinzuzufügen: Kann er etwa wieder in seiner Mutter Leib gehen und geboren werden? Damit will er die Unmöglichkeit des Themas Jesu: von neuem geboren werden, beweisen. Der Augenschein sagt doch: das geht gar nicht.

Ich will nun nicht das ganze tiefsinnige, doppelbödige Gespräch Jesu mit Nikodemus entfaltet, sondern möchte mich auf zwei Sätze, die Jesus gesprochen hat, konzentrieren:

Der erste: *"Es sei denn, dass jemand von neuem geboren werde, so kann er das Reich Gottes nicht sehen."*

Da sind wir schon mitten in der Doppelbödigkeit. Denn Jesus spricht auf einer Ebene, die man nur durch genaues Hinhören sieht. Fragt man: was heißt eigentlich Geburt? Dann ist eine möglich Antwort: Geburt ist Eintritt ins Leben. Geboren werden wir, um zu leben.

Reich Gottes, das meint bei Jesus stets und immer: Leben, wahres Leben, volles Leben, Leben in Liebe und Anteilnehmen, Leben durch Horchen auf die eigenen Bedürfnisse und die des anderen, der neben mir lebt. Leben aus der Mitte alles Lebens: aus Gott. In Beziehung zu ihm.

Und eben das ist so unendlich schwer. Unser Lebensalltag ist oft ein Stöhnen unter der Schwere des Lebens, der Verantwortung, der Aufgaben. Ist Unzufriedenheit mit uns, ist Furcht vor vielen Dingen.

Davon loskommen, frei werden, emotional, innerlich, liebesfähig werden, dazu bedarf es eines anderen Geburtsvorgangs. Da muss etwas neu werden. In mir, um mich herum. Eine solches zweite Geburt ist immer, immer wieder möglich: Es gibt nichts Festgelegtes, was nicht änderbar ist. Ich finde, das entlastet ganz stark. Selbst wenn wir Fehler machen - und wir machen Fehler - wir haben die Chance des Neuwerdens.

Der zweite: *"Wahrlich, wahrlich, ich sage dir: Es sei denn, dass jemand geboren werde aus Wasser und Geist, so kann er nicht in das Reich Gottes kommen."* Mit Wasser meint Jesus die Taufe: sie ist Gottes Zeichen dafür, dass wir in den Augen Gottes rein sind und immer wieder neu werden können. Zeichen dafür, dass er uns immer wieder anbietet, unser Leben zu bereinigen, besser noch frei machen will von allem, was belastet und beschwert. Wie schwer ist es für einen Erwachsenen, unbelastet und unbeschwert in den Tag zu leben, wie es unsere Kinder können - für Augenblicke im Spiel. Das zu können, setzt voraus, dass wir in uns einem anderen Geist Raum gewähren: dem Geist, der seine Kraft daraus gewinnt, dass er sich aus dem tiefen Vertrauen auf Gott, aus dem tiefen Vertrauen in das Leben und in die Lebenskräfte in uns, die Gott in uns wirksam sein lässt, nährt. Und sich an ihn immer wieder rückbindet.

Zwei Arten von Geburt gibt es: die natürliche und die geistliche. Die Geburt aus dem Körper und die Geburt aus dem Geist.

Es ist dies einer der Sätze des Johannesevangeliums, der in der Anthroposophie, der von Rudolf Steiner entwickelten Lehre, eine große Rolle spielt. Alles, Erziehung und Entwicklung eines Menschen soll darauf hinzielen, Geistgeboren zu werden, das Fleischliche hinter sich zu lassen.

Diesem Verständnis, das man sich um die Geistgeburt mühen kann und soll, wehrt Jesus mit einem spannenden Bild ab:

8 Der Wind bläst, wo er will, und du hörst sein Sausen wohl; aber du weißt nicht, woher er kommt und wohin er fährt. So ist es bei jedem, der aus dem Geist geboren ist.

Geist ist unverfügbar. Er ist nicht erlernbar und nicht erziehbar.

Geist und Wind - im Hebräischen sowieso schon dasselbe Wort - sind da, sind eine Realität: Man kann den Wind spüren, auf der Haut, kann ihn sehen, wenn sich Bäume biegen, kann vor ihm erschrecken, wenn er Dächer abdeckt, aber wir können ihn weder machen, noch verhindern, noch erlernen, er ist unverfügbar.

Wenn Jesus Wind und Geist hier miteinander vergleicht, dann heißt das: Wir können den Geist spüren, in unserer Seele, können sehen, wie er andere Menschen in Bewegung versetzt, wir können vor ihm erschrecken, wenn er gewaltige Dinge tut, z. B. aus ehemaligen Feinden Freunde werden lässt, aber wir können ihn weder machen, noch verhindern, noch erlernen, wir können ihn geschehen lassen.

Nikodemus fragt an dieser Stelle: Wie kann das geschehen?

Jesus gibt darauf eine höchst eigenwillige Antwort. Er entwickelt keine Geistlehre. So dass wir dann nach Hause gehen können und sagen: jetzt wissen wir, was der Geist ist. Oder: jetzt haben wir ihn.

Sondern er erzählt von einer Wirkung des Geistes. Genauer: Von einem Geistgeborenen. Er erzählt von sich und seiner Sendung. Dass er von Oben gekommen ist und dass er dorthin zurückkehren wird. Und dass dieses Kommen und Gehen einen tiefen Sinn hat. Dieser Sinn wird wenige Sätze später entfaltet:

"Denn also hat Gott die Welt geliebt, dass er seinen eingeborenen Sohn gab, damit alle, die an ihn glauben, nicht verloren werden, sondern das ewige Leben haben. Denn Gott hat seinen Sohn nicht in die Welt gesandt, dass er die Welt richte, sondern dass die Welt durch ihn gerettet werde."

Das also ist die Bedeutung des Geistgeborenen (Christus) für die Welt: Ewiges Leben - Rettung, und nicht: Verlorensein, Gericht. Ewiges Leben - Rettung -: das ist die Wirklichkeit des Wirkens des Geistes. Von ihr gibt Jesus selbst Zeugnis und indem wir uns glaubend dieses Zeugnis zu eigen machen und seinen Zeugen als den sehen, der von Gott gekommen ist, sehen wir das Wirken des Geistes, beginnt das Neugeborensein.

Sie merken, liebe Gemeinde, wie an diesem Trinitatissonntag alle drei zueinander gehören: Gott - Jesus, der Sohn - der Geist. Jesus ist der aus dem Geist Geborene, er gibt Zeugnis von der Existenz und dem Wesen des Vaters, er kehrt zu ihm zurück und schenkt jedem, der an ihn glaubt, Anteil an dem Geist, der dennoch unverfügbar ist und bleibt wie Gott selbst.

Aber soviel ist sicher: Geist hat etwas mit Glauben zu tun. Und zwar mit dem Glauben daran, dass mit Jesus Gott selbst uns retten und zum wahren Leben führen will - aber das kann nur verstehen, wer sich von seinem Geist bewegen lässt. Dann aber weiß man nicht, wohin er einen treibt, zu welcher Aufgabe, an welchen Ort, zu welchen Arten des Zeugnisses für den lebendigen Gott. Aber er tut es seit 2000 Jahren und tut es heute immer dort, wo Menschen im Glauben an den Sohn sich aufmachen in seine Nachfolge.

Treue

2. Thessalonicher 3,1-5 / 5. Sonntag nach Trinitatis

Liebe Gemeinde,

die älteste Schrift des Neuen Testaments, also diejenige, die dem Leben Jesu noch am nächsten kommt, ist der 1. Brief des Paulus an die Gemeinde in Thessaloniki. Heute heißt diese Stadt Saloniki, liegt wunderschön am Mittelmeer und ist mittlerweile die zweitgrößte Stadt Griechenlands - nach Athen.
Wie die Apostelgeschichte erzählt, hat Paulus die Gemeinde auf seiner zweiten Missionsreise zusammen mit Silas gegründet, etwa um das Jahr 50 herum. Also vor 1.952 Jahren. Eine kleine Gemeinde zunächst, eine Hausgemeinde, die sich im Haus eines Mannes mit dem Namen Jason traf. Nun führte das Auftreten des Paulus zu einem Aufruhr - die Bewohner reagierten mit Demonstrationen gegen Paulus. Paulus entschloss sich deshalb, die Stadt bald zu verlassen. Er ging nach Athen. Von Athen aus schickt er seinen Mitarbeiter Timotheus zurück nach Thessaloniki- Er sollte der kleinen neuen Gemeinde Unterstützung geben. Also schon damals eine rege Reisetätigkeit und enger Zusammenhalt unter den Gemeinden.
Paulus reist weiter nach Korinth. Dort trifft er den Timotheus wieder. Timotheus berichtet ihm, wie es in Thessaloniki aussieht. Paulus setzt sich hin und diktiert einen Brief. Wie gut, dass man damals Briefe schrieb und keine E-Mails. Sonst wäre der Brief nicht erhalten und fände sich heute nicht in der Bibel. Dieser Brief heißt bis heute: !. Thessalonicherbrief. Eben der älteste Brief des Paulus und zugleich die älteste Schrift des Neuen Testaments. Haltet diesen Brief Wert, liebe Gemeinde im Dekanat Wertheim!
Paulus ist sehr erfreut über das, was er von der jungen Gemeinde hört. Er hört, dass die wenigen Christen viel zu leiden haben von ihren Zeitgenossen, aber dass sie trotzdem zusammenhalten und den Paulus in guter Erinnerung halten, fest stehen im Glauben und in der Liebe.
In diesem Brief formuliert Paulus in aller Kürze, aber in seelsorglicher Weise die Hoffnung der Christen:
"Wir wollen euch über die Verstorbenen nicht in Unkenntnis lassen, damit ihr nicht trauert wie die anderen, die keine Hoffnung haben. Wenn Jesus - und das ist unser Glaube -

gestorben und auferstanden ist, dann wird Gott durch Jesus auch die Verstorbenen zusammen mit ihm zur Herrlichkeit führen." (4,13-14).
Ich habe über diesen Text oft an Gräbern gepredigt. Er ist für mich einer der wunderbarsten Texte des Neuen Testaments. Ein Text voller Hoffnung. Vielleicht das wichtigste Bekenntnis, das wir als Nachfolgende Christi in unserem Besitz haben. Ein wertvoller Schatz.
Es ist zugleich das älteste Bekenntnis und Zeugnis von der Auferstehung Christi, 17 Jahre nach seinem Tod aufgeschrieben.

Aber es gibt noch einen 2. Brief an die Thessalonicher. Aus ihm stammt der heutige Predigttext. Dieser Brief gilt in der neueren Forschung - obwohl Paulus als Absender angegeben ist - nicht als echter Paulusbrief, sondern von einem späteren Paulusanhänger geschrieben, der sich die Autorität des Paulus zu eigen macht. Das hat nichts mit Urkundenfälschung im heutigen Sinne zu tun. Sondern mit dem antiken Selbstverständnis. Der Verfasser des Briefes will damit sagen, nicht ich bin wichtig, nicht meine Person, sondern der Inhalt, und der ist der Theologie des Paulus verbunden. Man kann es auch so sagen: So würde Paulus - nach Meinung des Autors - in einer neuen Zeit und einer anderen Situation gesprochen haben. Doch nach diesem Umweg soll der Text selbst zu Wort kommen.

2. Thessalonicher 3,1-5: „*Weiter, liebe Brüder, betet für uns, dass das Wort des Herrn laufe und gepriesen werde wie bei euch und dass wir erlöst werden von den falschen und bösen Menschen; denn der Glaube ist nicht jedermanns Ding. Aber der Herr ist treu; der wird euch stärken und bewahren vor dem Bösen. Wir haben aber das Vertrauen zu euch in dem Herrn, dass ihr tut und tun werdet, was wir gebieten. Der Herr aber richte eure Herzen aus auf die Liebe Gottes und auf die Geduld Christi.*"

Wer mit Paulus vertraut ist, der hört schon beim Lesen: hier schreibt ein anderer. Paulus hätte nicht gesagt: das Wort des Herrn möge laufen und gepriesen werden; Paulus hätte auch nicht gesagt, dass wir erlöst werden von den bösen Menschen. Und erst Recht nicht den Satz: Der Glaube ist nicht jedermanns Ding.

Hier redet ein Mensch, der schon eine lange Erfahrung hinter sich hat. Die Erfahrung, dass Menschen schlicht an der christlichen Mission kein Interesse haben. Die nicht glauben wollen. Und die die Christen mit Verachtung oder Ablehnung oder schlicht durch Schneiden beim Einkaufen auf dem Markt meiden. Das sind die "bösen Menschen". Hier setzt ein

Schwarz-Weiß-Malen ein, dass Paulus fremd ist, Denn für ihn sind alle Menschen sündig und ermangeln der Gnade. Hier dagegen spricht die Alltagserfahrung: wer erlebt, dass die anderen den Kontakt zu ihm abbrechen, erlebt sie als bedrohlich, beunruhigend, eben als böse.

"Der Herr aber ist treu; der wird euch stärken und bewahren vor dem Bösen."

Es ist ein Wort des Glaubens und zugleich ein Segenswunsch. Das ist wie ein trotziges Dennoch und ein tiefes Vertrauen auf den Auferstandenen und seine Macht.

Zugleich öffnet das Wort den Blick in die Zukunft. Gott wird euch stärken und bewahren vor dem Bösen. Es ist Wunsch und Bitte und Verheißung zugleich. Hier ist der Verfasser ganz wie Paulus Seelsorger.
Mit dem Wunsch, dass ihr in eurem Leben immer wieder neu Kraft bekommt, gerade dann, wenn ihr schwierige Lagen zu durchstehen habt.
Mit der Bitte, dass Gott euch stets Kraft schenke und euch bewahre vor Unglück und Trennung, vor Gefahr und innerer Zerrissenheit.
Mit der Verheißung: Gott sagt euch dies heute zu, will euch zusichern, dass er euch begleitet auf eurem Lebensweg.

Und dies, weil Gott, der Herr, treu ist. Was heißt Treue?

Jetzt mache ich einen kleinen Exkurs, einen Umweg. Ich habe nachgeschaut, was das Wort "Treue" in der Ursprache der Bibel bedeutet. Es bedeutet ursprünglich: Festigkeit, Zuverlässigkeit, Beständigkeit, Dauer, und auch Wahrheit. Wenn die Bibel davon spricht, dass Gott treu ist, dann meint sie, dass auf sein Wort und sein Tun unbedingt Verlass ist. Man kann sich ganz und gar auf ihn verlassen. Wenn Gott etwas zusagt, dann steht er dazu.

Die Vielfalt dessen, was Treue in der Bibel, wenn sie von Gott ausgesagt wird, bedeutet, ist zugleich auch Anreiz, es auf uns Menschen zu übertragen. *Treue meint Festigkeit.* Festigkeit im Charakter. Festigkeit in Bezug auf die Beziehung. Festigkeit, zu dem Ja, das ihr zueinander sagt, zu stehen. *Treue meint Zuverlässigkeit*: Du kannst dich unbedingt auf mich verlassen. Ich weiß, dass ich mich auf dich verlassen kann. Wenn du etwas zusagst, dann hältst du es auch ein.

Treue meint Beständigkeit. Wie es sich Liebende versprechen: Ich bleibe bei dir. Ich will bei dir bleiben. Ich suche nicht nach neuen intimen Beziehungen, sondern bleibe bei dir. *Treue meint Dauer.* Liebe, die schön ist, die mich glücklich macht, die ich genießen kann, sie will von selbst Dauer. Da, wo ich mich wohlfühle, kehre ich immer wieder gern zurück. Wenn das Fundament stimmt, gibt es keinen Grund, an der Dauerhaftigkeit einer Beziehung zu rütteln. Wenn dies schon für uns Menschen gilt, wie viel mehr dann für Gott. Darum meine ich, ist es wichtig, immer wieder an das Fundament sich zu erinnern, die Liebe Gottes, die sich darin zeigt, wo er heilend, schützend, bewahrend in unserem Leben gewirkt hat.
Wir spüren: das, was die Bibel über Gott sagt, greift tief auch in unser Leben, unsere Erfahrung ein. Gott ist treu... Das ist etwas, woran man sich festhalten kann, was Halt gibt. Und diese Treue ist zugleich Urbild der Treue von uns Menschen zueinander.
Merken Sie: es ist ganz unwichtig, wer diesen Brief verfasst hat: Er hat nicht nur im Sinne des Paulus geschrieben, sondern ganz grundlegende Erkenntnisse über uns, unseren Glauben und die Verlässlichkeit Gottes gesagt.
Der Schlusssatz, liebe Gemeinde, ist wie ein Wegweiser. So wie eine Kompassnadel sich ausrichtet nach dem Nordpol, so sollen auch wir unsere innere Kompassnadel ausrichten. "Der Herr aber richte eure Herzen aus auf die Liebe Gottes und die Geduld Christi". Auf die Liebe ausgerichtet sein. Das ist ein toller Satz. Richte dich so aus, dass du die Liebe Gottes für dich, die anderen und die Welt im Auge hast. Dass du selbst erfüllt wirst von der Liebe Gottes - für dich, für andere und für die Welt. So will uns heute dieses Wort wie ein Wegweiser sein für die nächste Woche: Es weist uns auf die Liebe Gottes.
Liebe Gemeinde, versuchen Sie es einmal. Richten Sie in der kommenden Woche Ihren Kompass auf die Liebe Gottes. Immer dann, wenn Du meinst es geht nicht mehr weiter: Richte Dich innerlich aus auf die Liebe Gottes, die Dir gilt. Immer wenn Du zornig wirst oder ungeduldig oder ärgerlich: Richte Dich innerlich aus auf die Geduld Christi. Und du wirst ein Wunder erleben. Das Wunder, dass Dich die Liebe erfüllt. Das Wunder, dass Du in Dir Geduld und Verständnis entdeckst mit den Schwächen anderer. Ein Wunder mitten in Deinem Leben.

Leitbild

1. Petrus 2,4-5 / 6. Sonntag nach Trinitatis

„Zu ihm (Christus) kommt als zu dem lebendigen Stein, der von den Menschen verworfen ist, aber bei Gott auserwählt und kostbar. Und auch ihr als lebendige Steine erbaut euch zum geistlichen Hause und zur heiligen Priesterschaft, zu opfern geistliche Opfer, die Gott wohlgefällig sind durch Jesus Christus.“

Liebe Gemeinde,

Leitbilder sind modern. Fast jede Firma, die um Kunden wirbt, gibt sich ein Leitbild. Vor allem Dienstleistungsgesellschaften geben sich solche Leitbilder. Meist in Form einer Hochglanzbroschüre, in der in wenigen, eingängigen Sätzen beschrieben wird, was die Philosophie der Firma ist. "Wir wollen zufriedene Kunden“. Im Internet finden Sie unter dem Stichwort „Leitbild“ ca. 260 000 Einträge. Einen davon habe ich mir notiert: Eine Schweizer Bank formuliert ihr Leitbild: „Wir wollen die führende Bank in der Region sein. Als regional verankertes Institut kennen wir unsere Kunden und deren Bedürfnisse. Die überschaubaren Verhältnisse ermöglichen uns kurze Entscheidungswege...“ Leitbilder beschreiben, was ist, also, was die Firma anbietet, was sie will, also, welche Ziele sie verfolgt und wie sie sich entwickeln will, also, was in Zukunft sein soll.

Auch unsere badische Landeskirche hat sich ja bekanntlich diesen modernen Erfordernissen nicht verschlossen und Leitsätze in einem längeren Diskussionsprozess formuliert. Kein Leitbild, aber Leitsätze, die offener sind als ein Bild und eine Diskussion anregen wollen. Diese Leitsätze sind unter drei Überschriften gruppiert: „Was wir glauben“, „wer wir sind“, „was wir wollen“. Sie sind jetzt gerade neu in einer kleinen Broschüre herausgegeben worden, die Sie sicher bei Interesse über Ihr Pfarramt bekommen können. Kostenlos.

Leitsätze wollen Orientierung bieten und Identität stiften. Ein hoher Anspruch. Beides jedoch, **Orientierung bieten** und **Identität stiften**, war Jesus ein Anliegen. Darum hat er – schon lange vor allen Firmen und Banken und auch vor der Kirche als Institution Leitsätze geprägt.

Einer dieser Leitsätze ist zugleich ein Leitbild; ausgewählt habe ich ihn, weil wir hier in der Region des Kaiserstuhls leben, von Wein umgeben sind.:
„Ich bin der Weinstock, ihr seid die Reben. Wer in mir bleibt und ich in ihm, der bringt viel Frucht..." (Joh 15,5). Jesus hat ja gerne in Bildern gesprochen. Dieses Bild lässt vor unserem Auge einen Weinstock entstehen, wunderschön knorrig gewachsen, der viele Zweige und Triebe aus sich heraus wachsen lässt, voller Weinblätter, aber vor allem, voller Trauben und Beeren. Und wir alle verstehen sofort, dass keine Traube, erst recht keine einzelne Beere wachsen und reifen kann, wenn sie nicht mit dem Weinstock verbunden bleibt. Wir verwenden heute Weinstock und Rebstock fast gleichbedeutend. Zur Zeit Martin Luthers meinte Rebe die „Ranke oder den Wurzelausläufer einer Pflanze". Also meint dieses Bild Jesu auch: Ihr seid die, die aus dem Wurzelstock als Reben heraus ranken und an euch bilden sich die Trauben und Beeren als Früchte. Dadurch wird dieses Leitbild noch lebendiger: Ihr könnt Frucht bringen, aber ihr seid auf die Wurzel angewiesen. Zugleich sprengt Jesus das Bild, wenn er sich selbst mit dem Weinstock identifiziert. Damit wird das Bild zur Metapher: Sie verweist auf ein anderes. Nämlich auf die Beziehung zwischen uns und Jesus. In ihm bleiben, d.h. durch Glaube und Geist mit ihm verbunden sein – das ist die Voraussetzung für ein Leben, das Früchte trägt.
Es macht Spaß – aber es würde eine Predigt sprengen – die Evangelien allein einmal unter dem Gesichtspunkt zu lesen, was für Leitsätze und Leitbilder sie verwendet. Liebe Gemeinde, Sie würden erstaunt sein über die Fülle. Vor allem über die Fülle, die Jesus selbst ins Spiel bringt. Ich nenne nur Stichworte: Er als Hirt, als Licht, als Tür, als lebendiges Brot – jedes Leitbild entfaltet ein ganz eigenes Geheimnis des Glaubens und der lebendigen Beziehung zu Christus.
Ich möchte mich heute an diesem Festtag Ihrer Gemeinde beschränken und unseren Blick auf zwei Leitbilder lenken; eines davon haben Sie als Motto für Ihr Fest gewählt. Darauf komme ich gleich zu sprechen. Zunächst möchte ich ein Bild des Paulus in den Blick nehmen.
Wenn Paulus versucht, die Vielfalt der Gaben, Begabungen, Fähigkeiten und Potenziale in den Gemeinden zu denken und zugleich nach dem Verbindenden fragt, was all diese unterschiedlichen Menschen mit ihren jeweils eigenen Lebensgeschichten und beruflichen Tätigkeiten und sozialen Kontakten zu einer Gemeinde werden lässt, dann drückt er das mit dem Bild vom menschlichen Körper aus. Ein Körper hat viele Organe und Glieder. Jedes dieser Organe ist für das Funktionieren des Körpers wichtig. Der Fuß ist genauso wichtig wie die Hand, die Augen ebenso wie die Ohren, der Mund so wichtig wie das Herz, das Gehirn so wichtig wie die Leber – das ist ein großartiges Bild, denn es gibt jedem einzelnen Menschen

in der Gemeinden seinen unverwechselbaren Wert und eine einmalige Würde. So wie jedes Teil des Körpers wichtig ist, so ist jeder Mensch, ganz gleich ob Mann, Frau, Jung, Alt, Kind, oder Konfirmandin gleich wichtig. Was alle verbindet und sie zur Gemeinde macht, ist, dass für jeden *eine* Beziehung in ihrem Leben wichtig geworden ist: die zu Jesus Christus. Im Bild des Paulus gesprochen: Christus ist das Haupt des Körpers. Durch die Taufe werden wir Glieder an dem Körper, dessen Kopf Christus darstellt und der uns zudem durch seinen Geist miteinander verbindet.

An dieser Stelle zeigen sich Stärke und Grenze des Leitbilds des Paulus: das Bild vom Körper wird da durchbrochen, wo wir durch Taufe und Geist mit Christus verbunden werden. Damit wird das Bild gesprengt, denn normalerweise wird ein Körper durch Muskeln und Sehnen, Adern und Venen und Nervenbahnen zusammengehalten. Wenn Taufe und Geist zum Teil des Körpers werden lassen, dann wird das Bild gesprengt und eine andere, „virtuelle" Realität wird sichtbar, um es in der Computersprache auszudrücken. Dennoch hat dieses Leitbild eine wunderschöne Perspektive: Sie lässt die Vielfalt unter uns gelten, mehr noch, lässt sie wertschätzen und sagt zugleich, dass Glied am Leib Christi sein nicht gemacht, nicht hergestellt, nicht wie bei einem weltlichen Leitbild durch Management organisiert werden kann, sondern es wird in der Taufe als freie Gnade Gottes geschenkt und durch seinen Geist als seine Gabe für uns lebendig erhalten.

Dadurch aber, so denkt und erlebt es Paulus, wird das Miteinander in der Gemeinde verändert: „Wenn ein Glied leidet, so leiden alle Glieder mit und wenn ein Glied geehrt wird, so freuen sich alle Glieder mit" (V. 26). Ist das nicht ein großartiges Bild von lebendiger Gemeinde?! Anteilnehmen aneinander. Mittrauern, wenn jemand trauert, aber genauso auch sich mit freuen, wenn einem etwas besonders gut gelungen ist – das würde unsere Gemeinden zu attraktiven Orten machen, wo Menschen hinkommen, sich öffnen können, sich getragen fühlen, aufatmen können. – Ein menschliches Gesicht von Gemeinde, da ausstrahlt auf andere.

Das zweite Leitbild für die Gemeinde oder Kirche steht im 1. Petrusbrief: (2,4-5), wir haben es in der Lesung gehört und es findet sich in dem Grundstein Ihrer Kirche wieder. Ich lese es in der Übersetzung von Martin Luther:

„Zu ihm (Christus) kommt als zu dem lebendigen Stein, der von den Menschen verworfen ist, aber bei Gott auserwählt und kostbar. Und auch ihr als lebendige Steine erbaut euch zum geistlichen Hause und zur heiligen Priesterschaft, zu opfern geistliche Opfer, die Gott wohlgefällig sind durch Jesus Christus."

Es ist ein großartiges Leitbild, das nicht nur mit einem, sondern vielen Bildern arbeitet.

Das erste Bild ist ein Widerspruch in sich selbst: Christus ist ein lebendiger Stein. Kann ein Stein lebendig sein? Mit diesem Paradox sollen wir neugierig gemacht werden. Mit Stein verbinden wir etwas Harte, Starkes, Festes. Mit lebendig verbinden wir: da bewegt sich etwas, da entwickelt sich etwas, da ist es spannend und interessant und aufregend. Ein lebendiger Stein: das verbindet beides miteinander. Zuverlässiges und Veränderung, Festes und Bewegliches, Starkes und Fließendes. All das ist in Christus, will das Bild sagen. Mit ihm gibt es Entwicklung, Veränderung, Leben in umfassenden Sinn, aber auch das, was wir alle im Leben suchen: Halt und Hoffnung und etwas, an das wir uns klammern können. Im weiteren Verlauf des Textes, wird noch eine weitere Dimension dieses Steines deutlich: er ist der Eckstein. Ausleger streiten sich, ob damit der Grundstein oder der Schlussstein eines Bogens gemeint ist: beide sind gleich wichtig für das Haus. Er ist der Eckstein, auf dem das Haus der Kirche aufgebaut ist.

Menschen haben diesen Stein verworfen, so wie es Bauarbeiter tun, die prüfen, ob man von einem abgerissenen Haus Steine weiter verwerten kann oder sie wegwerfen muss. Gott hingegen hat ihn auserwählt. Damit wird er zum Edelstein. Denn zu einem kostbaren Stein sagen wir: Edelstein. Jesus wurde von Menschen verworfen und als Verbrecher hingerichtet, Gott aber hat ihn auserwählt und auferstehen lassen von den Toten. Dieser Edelstein ist das Fundament für einen besonderen Bau: einem Bau aus lauter lebendigen Steinen.

Ich denken, Sie würden ziemlich sauer reagieren, wenn man Sie mit einem Stein vergleichen würden. Auch wenn das Adjektiv: lebendig hinzugefügt ist. Keiner will gern ein Stein sein. Oder ein Herz aus Stein haben. Dennoch redet der 1. Petrusbrief die Gemeindeglieder an: Ihr als lebendige Steine – und verbindet sie so schon, allein mit dieser Anrede – mit Christus. Und dann folgt seine Vision, sein Leitbild von Kirche:

Ein geistliches Haus soll die Kirche sein – ein Haus, in dem der Geist Gottes sichtbar und spürbar wird. Der Geist des Trostes und der Versöhnung und der Hinwendung zum anderen.

Mehr noch: Heilige Priester sollen die Gemeindeglieder dieses Hauses sein – hier können wir die Vorstellung greifen, die in der Reformation wieder neu entdeckt wurde und letztlich bis heute ein unterschiedliches Amtsverständnis der Evangelischen und Katholischen Kirche markiert: jeder ist durch die Taufe berufen, ein heiliger Priester oder eine heilige Priesterin zu sein. Jeder Getaufte kann taufen, Sakramente austeilen und die Bibel auslegen – und Zeugnis ablegen für Jesus Christus. So wie vorhin der Gospelchor. You are a witness… Es gibt kein Priestertum durch einen besonderen Weiheakt. Durch die Zugehörigkeit zu Christus durch die Taufe hat jeder und jede Anteil am Allgemeinen Priestertum. Zwar hat die Kirche als Institution dies auch geregelt: durch eine spezielle Ausbildung, ein Studium, eine Prüfung und dann die Ordination. Aber das ist nur ein spezielle Form dessen, was jeder Getaufte tun darf.

Nun gehört ja eigentlich zum Priester das Opfern. Opfer, sagt der Petrusbrief, besteht in geistlichen Opfern, die Gott wohlgefällig sind. Da muss man dann in der Bibel nicht lange suchen um herauszufinden, welche Opfer Gott wohlgefällig sind: „Hat nicht Gott mehr Gefallen an Gehorsam als an Opfer?" heißt es schon im Alten Testament. Gehorsam gegenüber seinen Geboten und seinem Wort.

Und im Neuen Testament schreibt Paulus: „Ich ermahne euch nun, liebe Geschwister, durch die Barmherzigkeit Gottes, dass ihr eure Leiber hingebt als ein Opfer, das lebendig, heilig und Gott wohlgefällig ist. Das sei euer vernünftiger Gottesdienst". Ich will ein Wort gebrauchen, das ganz altmodisch klingt. Was Paulus hier meint ist: Hingabe. Hingabe an Gott, Hingabe an Christus, sein Leben ihm anheimgeben – das ist ein lebendiges, heiliges und Gott wohlgefälliges Opfer. Sich hingeben heißt, ganz für den anderen da sein. Wie das im Alltag aussehen kann: Vielleicht die Hälfte der täglichen Zeit vor dem Fernseher Gott widmen. Durch Beten, Nachdenken, Innehalten, zur Ruhe kommen. Sich Zeit nehmen für Gott. Ihn wichtig nehmen.

An anderer Stelle sagt Paulus, „singt und spielt dem Herrn in eurem Herzen und sagt Dank Gott, dem Vater, allezeit für alles, im Namen unseres Herrn Jesus Christus." Wenn wir miteinander singen, Gott loben und Gott täglich danken für das, was er uns schenkt, dann bringen wir geistliche Opfer dar und werden ein Haus, das aus lebendigen Steinen erbaut ist.

Falsch verstandene Wunder

Johannes 6,1-15 / 7. Sonntag nach Trinitatis

Danach fuhr Jesus weg über das Galiläische Meer, das auch See von Tiberias heißt. Und es
zog ihm viel Volk nach, weil sie die Zeichen sahen, die er an den Kranken tat.
Jesus aber ging auf einen Berg und setzte sich dort mit seinen Jüngern. Es war aber kurz vor
dem Passa, dem Fest der Juden.
Da hob Jesus seine Augen auf und sieht, dass viel Volk zu ihm kommt, und spricht zu
Philippus: Wo kaufen wir Brot, damit diese zu essen haben? Das sagte er aber, um ihn zu
prüfen; denn er wusste wohl, was er tun wollte.
Philippus antwortete ihm: Für zweihundert Silbergroschen Brot ist nicht genug für sie, dass
jeder ein wenig bekomme.
Spricht zu ihm einer seiner Jünger, Andreas, der Bruder des Simon Petrus: Es ist ein Kind
hier, das hat fünf Gerstenbrote und zwei Fische; aber was ist das für so viele?
10 Jesus aber sprach: Lasst die Leute sich lagern. Es war aber viel Gras an dem Ort. Da
lagerten sich etwa fünftausend Männer.
11 Jesus aber nahm die Brote, dankte und gab sie denen, die sich gelagert hatten;
desgleichen auch von den Fischen, soviel sie wollten. Als sie aber satt waren, sprach er zu
seinen Jüngern: Sammelt die übrigen Brocken, damit nichts umkommt. Da sammelten sie und
füllten von den fünf Gerstenbroten zwölf Körbe mit Brocken, die denen übrigblieben, die
gespeist worden waren.
14 Als nun die Menschen das Zeichen sahen, das Jesus tat, sprachen sie: Das ist wahrlich der
Prophet, der in die Welt kommen soll. Als Jesus nun merkte, dass sie kommen würden und ihn
ergreifen, um ihn zum König zu machen, entwich er wieder auf den Berg, er selbst allein.

Liebe Gemeinde,

es gibt kaum etwas Schwierigeres oder Umstritteneres in der Bibel als die Wundergeschichten, von denen wir eine soeben gehört haben. Wundergeschichten bereiten deshalb soviel Probleme, weil wir in unserem normalen Leben, im Alltag, keine Wunder entdecken. Und weil wir uns alle vernünftig zu erklären vermögen, zumindest es versuchen. Deshalb kommt es bei der Diskussion um Wundergeschichten in der Bibel so oft zu einem erbitterten Streit. Die Frage wird gestellt: "Glaubst du, dass es so geschehen ist oder glaubst du nicht?" Und wenn dann jemand Zweifel anmeldet, gerät er schnell in den Verdacht, ungläubig zu sein. Das hat dann fatale Folgen, die bis hin zu Kirchenspaltungen reichen. Auf der einen Seite stehen die, die sagen, du musst das alles wörtlich glauben, sonst bist du kein richtiger Christ. Auf der anderen stehen die, die sagen, ich kann nicht meinen Verstand ausschalten, nur weil in der Bibel etwas steht, was ganz und gar unmöglich ist. Das Verständnis von Wundergeschichten lässt so die einen zu weltfremden Spinnern werden, die anderen zu glaubenszersetzenden Zweiflern. Dies ist nicht nur schlimm, sondern auch ganz und gar unnötig. Die Verteufelungen auf beiden Seiten helfen nicht weiter. Darüber geht jedoch in Wahrheit häufig der Text selber mit seiner Aussage verloren. Ich meine, dass Wundergeschichten sehr viel mehr enthalten als die bloße Frage "war es so oder nicht". Und ich meine, dass Wundergeschichten auch nicht im Widerspruch zur Vernunft stehen. Nur: ihre Vernunft ist eine andere, eine viel tiefere als unsere Vernunft, die nur nach Ursache und Wirkung fragt oder nur die Naturgesetze gelten lässt. Nur im aufmerksamen Hören auf den Text zeigt sich, dass unsere Wundergeschichte Tiefenschichten enthält und in uns anspricht, die weit über die genannten Gegensätze hinausgehen. Ich versuche, dies in der Auslegung zu verdeutlichen.

1. Die Wundergeschichte erzählt dreimal, dass Jesus von den Menschen missverstanden wird. Stellen Sie sich das bitte ganz konkret vor. Da hat Jesus einige Menschen von ihren Krankheiten geheilt, und nun folgt ihm eine Menschenmenge, weil er ein großer Medizinmann ist - in ihren Augen. Oh, wir können das sehr gut verstehen. Gesundheit ist uns kostbar. Was tun wir nicht alles, um sie zu erhalten. Insgeheim hoffen wir alle, wenn wir krank sind, dass es da einen Wunderdoktor gibt, der einen gesund macht. Schon den Kindern wird gesagt: Wenn du krank bist, gehen wir zum Onkel Doktor, der macht dich gesund. Was für ein Missverständnis! Nicht der Arzt macht gesund, sondern die Kräfte, die in unserm Körper wirken. Der Arzt kann sie unterstützen und fördern, aber er selbst ist nicht diese Kraft, die heilend in uns wirkt. So ist es das erste große Missverständnis, wenn die Menge, die Jesus nachläuft, meint, er sei ein Wunderdoktor.

Das zweite Mal wird Jesus von seinen eigenen Jüngern missverstanden. Sie rechnen nicht damit, dass Jesus ein Wunder zur Sättigung der 5000 Menschen vollbringen kann. Obwohl sie ihn kennen. Sie sind erstaunlich modern, diese Jünger. Sie sehen das Problem, wie man den Hunger von Tausenden beseitigen kann, sehr vernünftig. Wenn Philippus sagt, für 200 Denare Brot genügen nicht für sie, dass jeder einen Happen empfinge, dann zeigt sich darin sein Realismus. Die Jünger haben nicht viel Geld gespart. Selbst wenn sie das alles hergäben, bekäme jeder nicht einmal einen Happen. Wie oft kann man dieses Argument hören! Wenn wir einen Augenblick von unserem Text in unsere Gegenwart blicken, und an die Hungrigen in Afrika denken, dann heißt es doch auch oft: alles Geld, das wir da hinüber schicken, dass ist doch nur ein Tropfen auf den heißen Stein. Das hilft kaum jemandem. Ich weiß nicht, ob Philippus dabei im Hinterkopf dachte: wir sind doch selbst arm, haben uns das wenige Geld selbst mühsam zusammengespart für die vielen Kosten, die wir als wandernde Truppe haben, sollen die Leute doch selbst in die Dörfer gehen und sich mit Nahrung eindecken. Jedenfalls sagen genau das die Jünger bei den drei anderen Evangelisten, bei Markus, Matthäus und Lukas. Und auch Andreas unterliegt dem gleichen Missverständnis der Person Jesu, wenn er sagt: Zwar gibt es hier das Kind mit 5 Broten und 2 Fischen, doch was ist das für so viele? D. h. die Nahrungsmittel sind begrenzt, da kann man sie doch nicht an alle austeilen!

Sehen Sie, das ist das Verblüffende an der Wundergeschichte: sie durchbricht die normale, vernünftige Logik der Menschen. Sie durchbricht unsere Logik, wenn wir sagen, den weltweiten Hunger können wir nicht stillen, denn dazu gibt es zu wenig Geld (wir haben nur 200 Denare; oder: wir haben bloß 200 Million DM im Entwicklungsetat) oder aber; die vorhandenen Nahrungsmittel reichen nicht aus. Die Wundergeschichte will diese Logik durchbrechen. Sie will sagen: es reicht aus. Ihr müsst es nur tun. Ihr. Ihr, sagt Jesus, müsst ihnen zu essen geben. Und dann reicht nicht nur das, was da ist, sondern es bleibt sogar noch mehr übrig. Das ist das Paradoxe.

Das dritte Mal wird Jesus missverstanden, als ihn die Menge am Ende zum König machen will. Warum? Weil ein Volk gerne den an der Macht sieht, der ihnen zu essen gibt. Gewählt wird, wer verspricht: "Wenn wir regieren, geht es euch allen besser. Dann verdient ihr mehr. Wir verschaffen allen Arbeit." Warum lehnt Jesus das aber ab? Warum lässt er sich nicht zum König machen und vollzieht weiter Wunder - und die Erde wäre ein Paradies ohne Hunger? Weil gerade das ein tiefes Missverständnis seiner Person, seines Auftrages und des Willen Gottes wäre. Wenn er seine Botschaft, das Vorhandene zu teilen, damit alle satt würden, benutzen würde, um aus ihr politische Macht zu gewinnen, dann würden Botschaft und Verkünder unglaubwürdig. Nein, wer auffordert zu teilen, damit alle satt werden, darf die Erfahrung, die Menschen mit dem Teilen machen, nicht als Mittel zum Selbstruhm nutzen - er darf vor allem nicht aufhören, auch das zu teilen, was die meisten Menschen erleben: Not, Angst, Verfolgung, Leiden. Nur indem Jesus auch dies mit den Menschen teilt, ist er der wahre Messias.

2. Die Wundergeschichte spielt auf Schritt und Tritt auf Erfahrungen an, die die Menschen, wenn sie mit ihren eigenen biblischen Geschichten vertraut wären, mit Händen greifen

könnten. So sagt Johannes: Es war aber nahe das Pascha, das Fest der Juden. Am Passa-Fest wird die Erinnerung an den Auszug Israels aus Ägypten gefeiert. Da wird daran erinnert, wie die Israeliten leiden mussten, daran erinnert, wie Gott einen Propheten, Mose berief, der das Volk aus der Gefangenschaft führte, und es wird daran erinnert, wie er es durch die Wüste geleitete und dabei, um es vor Verdursten und Verhungern zu bewahren, immer wieder neue Wunder tat. So wie das Volk dem Mose folgte, so folgt das Volk hier Jesus. So wie Moses auf dem Berg war, so ist Jesus auf einem Berg. So wie Mose das Volk durch Wunder speiste, so speist Jesus das Volk. Die Wundergeschichte will also ein enges Geflecht von Beziehungen herstellen zwischen Mose und Jesus. Damit wird für den Hörer deutlich: durch Jesus wirkt Gott in gleicher Weise wie durch Mose: Gott bewahrt und leitet die Menschen in der Not, er rettet auch vor dem Hunger.

3. Die Wundergeschichte sagt auch unendlich viel aus über Jesus: er sucht die Einsamkeit. Er will nicht einen Schwanz von Fans haben, weil er weiß, dass spontane Begeisterung sehr schnell auch umschlagen kann und weil durch ein Herlaufen hinter Führern Menschen nicht verändert werden. Jesus ist aber zugleich ein sehr realistischer Mensch. Zwar sagt er an einer Stelle etwas später: Ich bin das Brot des Lebens (V.35), aber er sorgt eben nicht nur für das geistliche, sondern auch für das leibliche Wohl. Er sieht, dass die Menge einen langen Weg hinter sich hat (etwa 20 km) und dass sie hungrig ist. Er speist sie nicht mit Worten ab. Zwar sagt er einmal: Der Mensch lebt nicht vom Brot allein ...... aber das ist nicht so gemeint, als müsse man allein für das geistliche Wohl sorgen. Nein, die grundlegenden Bedürfnisse sind Jesus ganz, ganz wichtig. Zum Teilen können gehört eben auch, dass man ein Gespür dafür bekommt, was der andere gerade dringend nötig hat. Jesus Leben ist eben nicht das Leben eines Lehrers allein, er ist zugleich auch Organisator zur Bekämpfung des Hungers. Und Arzt. Und Kinderfreund. Und... und...und. Die Wundergeschichte will also auch sagen, dass zur Nachfolge Jesu gehört, dass wir für das leibliche Wohl derer Sorgen, die in Not sind. Und gerade weil Jesus immer den ganzen Menschen im Blick hat, darum bedeutet sein Wort: ich bin das Brot des Lebens, dass er in umfassendem Sinn für die Menschen da ist: für ihr Essen und Trinken, für ihre Gesundheit, für die Vergebung der Sünden, für das Abnehmen von Mühsal und Last und für die Überwindung von Todesangst. Von daher bereitet die Wundergeschichte auch schon das Abendmahl vor: hier teilt sich Jesus selbst aus.

Das sind nur einige, wenige Gedanken, die die Vielschichtigkeit der Wundergeschichte andeuten können. Die Frage, die ich am Anfang gestellt habe, ist das so geschehen oder nicht wird deshalb der Wundergeschichte überhaupt nicht gerecht. Denn die Wirksamkeit dieser Geschichte ist erst dort spürbar, wo wir in unserem Leben so handeln, wie Jesus. Wenn wir das Teilen wirklich lernen. Arbeit und Lohn und Pfarrstellen... .Wenn das geschähe, dann würde wirklich ein Wunder geschehen. Und das wäre dann genauso wahr wie das unserer Erzählung. Wenn das aber nicht geschieht, dann bleibt uns die Wahrheit der Erzählung auf immer verborgen.

Missverständnisse

Johannes 6,30-35 / 7. Sonntag nach Trinitatis

Liebe Gemeinde,

Jesus stand oft inmitten von Auseinandersetzungen. In eine solche Auseinandersetzung führt uns der Text am heutigen Sonntag. Eine Auseinandersetzung zuerst mit Leuten aus dem Volk, dann mit Gottesdienstbesuchern in der Synagoge von Kapernaum, anschließend noch mit seinen Jüngern.
Anlass für die Auseinandersetzungen waren Wunder, Zeichen, die Jesus getan hatte.
Heilungen von Kranken (6,2), die Speisung von 5000 Menschen (6,5-13) und das Gehen über den See Genezareth ohne zu versinken oder zu ertrinken (6,16-21).
Jedes dieser Wunder hat Folgen.
Weil er Kranke heilte, folgten ihm die Leute auf Schritt und Tritt: so wie heute bei prominenten Stars die Fans jeden Schritt begleiten und ihren Star nicht aus den Augen lassen.
Weil er Menschen Speise gab, wollten die Leute ihn zum König machen: So einen König können wir gebrauchen, bei dem es Brot umsonst gibt.
Weil er auf wunderbare Weise über das galiläische Meer wandelte, folgten ihm auf einmal Fischerboote zuhauf, um ihm nachzufahren und zu finden.
Sie finden ihn auch, in Kapernaum, und es kommt zu einem kurzen Dialog:

Johannes 6,25-29 Und als sie ihn fanden am andern Ufer des Sees, fragten sie ihn: Rabbi, wann bist du hergekommen?
Jesus antwortete ihnen und sprach: Wahrlich, wahrlich, ich sage euch: Ihr sucht mich nicht, weil ihr Zeichen gesehen habt, sondern weil ihr von dem Brot gegessen habt und satt geworden seid. Schafft euch Speise, die nicht vergänglich ist, sondern die bleibt zum ewigen Leben. Die wird euch der Menschensohn geben; denn auf dem ist das Siegel Gottes des Vaters.
Da fragten sie ihn: Was sollen wir tun, dass wir Gottes Werke wirken?
Jesus antwortete und sprach zu ihnen: Das ist Gottes Werk, dass ihr an den glaubt, den er gesandt hat.

Damit wäre eigentlich das Entscheidende gesagt: Es geht um den Glauben, genauer noch darum, dass Gott es ist, der Jesus gesandt hat und der darum glaub-würdig ist.
Aber die Menschen sind damit nicht zufrieden. Und jetzt beginnt eine aufregende Diskussion: Hören wir in diese Diskussion hinein.

Johannes 6,30-35 Da sprachen sie zu ihm: "Was tust du für ein Zeichen, damit wir sehen und dir glauben? Was für ein Werk tust du? Unsre Väter haben in der Wüste das Manna gegessen, wie geschrieben steht (Psalm 78,24): »Er gab ihnen Brot vom Himmel zu essen.«"
Da sprach Jesus zu ihnen: "Wahrlich, wahrlich, ich sage euch: Nicht Mose hat euch das Brot vom Himmel gegeben, sondern mein Vater gibt euch das wahre Brot vom Himmel. Denn Gottes Brot ist das, das vom Himmel kommt und gibt der Welt das Leben."
Da sprachen sie zu ihm: "Herr, gib uns allezeit solches Brot."
Jesus aber sprach zu ihnen: "Ich bin das Brot des Lebens. Wer zu mir kommt, den wird nicht hungern; und wer an mich glaubt, den wird nimmermehr dürsten."

Diese Diskussion ist von Missverständnissen durchzogen. Wie im ganzen Johannesevangelium wird auch hier deutlich, dass die Menschen das, was Jesus tut, nicht verstehen, und das, was er sagt, missverstehen. Missverständnisse durchziehen fast alle Gespräche, die Jesus führt. Und das hat damit zu tun, dass diese Gespräche auf verschiedenen Ebenen geführt werden. Die Gesprächspartner bleiben auf der Oberfläche des Gesagten und Getanen, Jesus eröffnet hinter der Oberfläche eine neue, unbekannte Tiefendimension. Und das, obwohl beide Seiten dieselben Wörter benutzen.
"Was für Zeichen tust du, damit wir sehen und glauben?" fragen sie. Und setzen dabei voraus, dass wenn ein Zeichen und Wunder geschieht, dies Glauben weckt. Nein, Zeichen und Wunder sind immer auch mehrdeutig. Das ist der erste Irrtum. Darum sagt Jesus viel später dem Jünger Thomas: Selig sind, die nicht sehen und doch glauben. Glauben, der unabhängig ist von Zeichen, an denen er sich festzumachen meint - und damit einen äußeren Haltegriff sucht, an den er sich klammert.
"Was tust **du** für ein Zeichen; unsere Väter haben in der Wüste das Manna gegessen."
Wieder ein Missverständnis. Was tust du für ein Zeichen. Du Jesus. Und sie erinnern an das Manna. Und setzen dabei unreflektiert voraus: Das hat der Mann Mose bewirkt. Der hat dieses Zeichen getan.

Sie kennen die Geschichte vom Manna in der Wüste. Jenes Wunder, dass niemand verhungerte, dass jeder jeden Morgen soviel vorfand, wie er brauchte, aber wenn er Vorräte anlegte, verschimmelten sie.
Jesus rückt das Missverständnis zurecht. "Wahrlich, wahrlich, ich sage euch: Nicht Mose hat euch das Brot vom Himmel gegeben, sondern mein Vater gibt euch das wahre Brot vom Himmel."
Energisch lenkt er den Blick weg von sich auf Gott. Nicht ein Mensch, auch nicht der berühmte Mose, hat das Wunder des Manna gewirkt, sondern Gott.
Und jetzt eröffnet er die zweite Ebene, die neue Tiefendimension: "mein Vater gibt euch das wahre Brot vom Himmel".
Plötzlich geht es nicht mehr um Vergangenheit. Um das, was einst war, in der Wüste, bei Mose und dem Manna. Nein, jetzt geht es um die Gegenwart. Um die Menschen, mit denen Jesus gerade redet. Um uns. Gott gibt euch das wahre Brot vom Himmel.
Was ist das? Jesus erläutert, was das wahre Brot vom Himmel ist.
Hören wir genau hin, vielleicht gelingt es uns, ohne Missverständnis zu hören:
"Denn Gottes Brot ist das, das vom Himmel kommt und gibt der Welt das Leben."
Das Brot, das vom Himmel kommt, ist nicht Manna und ist nicht ein Wunderbrot. Was ist es dann? Zwei Dinge werden von dem "Brot" gesagt: es kommt vom Himmel und es gibt der Welt das Leben. Wer Ohren hat zu hören, der höre. Kommen vom Himmel - der Welt Leben geben: Das ist genau der Weg, das Tun des Messias. Des Christus. Brot des Lebens meint in den Worten Jesu den Messias, den Christus, IHN selbst.
Die Menschen verstehen das nicht. Sie sagen:
"Herr, gib uns allezeit solches Brot."
Sie denken immer noch, es ist eine Speise, und wenn man sie kriegt, kriegt man das Leben. Aber so ist es nicht gemeint. Darum korrigiert sie Jesus ein weiteres mal, indem er sagt:
"Ich bin das Brot des Lebens." Damit sagt er: ich bin der Messias Gottes. Ich bin der Christus. Mit mir ist das messianische Heil, die ersehnte Erfüllung der Verheißung des Messias, **da**. Mitten bei euch.
Und nun kommt der wohl am schwersten deutbare Satz: "Wer zu mir kommt, den wird nicht hungern, und wer an mich glaubt, den wird nimmermehr dürsten."
Um Hunger und Durst geht es, um Stillung von Hunger und Löschen von Durst. Aber nicht Essen und Trinken stillen Hunger und löschen Durst, sondern das Kommen zu Jesus und Glauben an ihn.
Der Satz ist ganz parallel gebaut:

Wer zu mir kommt, den wird nicht hungern,
wer an mich glaubt, den wird nie mehr dürsten.

Was ist damit gemeint? Welcher Hunger, welcher Durst ist gemeint? Ich denke, wenn man strikt bei dem Text bleibt, dann ist es der Hunger und der Durst nach Leben. Nach wirklichem Leben.

Eine Form von Hunger und Durst nach Leben ist uns vertraut: wir sprechen von Liebesdurst und Erlebnishunger und meinen damit den Hunger, die Sehnsucht nach Liebe und den Hunger nach Erlebnissen, nach Abwechslung, nach einem Kitzel oder Kick. Das bringt mir den richtigen Kick sagte ein junger Mann im Fernsehen bei einer Reportage über die Love Parade in Berlin. Nur - kann dieser Hunger, dieser Durst je gestillt werden? Ist es nicht so, dass er immer wieder aufbricht, dass es ein unstillbarer Hunger, angetrieben von dem Gefühl: Ich verpasse etwas, das Leben geht an mir vorbei.

Im weiteren Fortgang des Gesprächs - der über unseren Predigttext, der nur ein Teil enthält, hinausgeht - sagt Jesus, wie der Hunger nach Leben von ihm gestillt werden kann:

"Das ist der Wille meines Vaters, dass, wer den Sohn sieht und glaubt an ihn, das ewige Leben habe, und ich werde ihn auferwecken am Jüngsten Tage."

Es geht um das ewige Leben. Es geht um ein Leben, bei dem alles Begehren gestillt ist. Um ein erfüllt Leben. Ein Leben ohne die Angst, weil die Grenze des Todes aufgehoben ist. Das kann wirklich kein Mensch geben. Niemals.

Nur Gott kann es. Das ist Jesu Botschaft: Es ist Gottes Wille, euch beides zu geben. Ewiges Leben und Überwindung des Todes. Gott kann es. Und dazu ist allein der Glaube an den Sohn nötig. Denn er hat beides von seinem Vater bekommen: Das ewige Leben und die Auferstehung vom Tod.

Dagegen murren nun seine Gesprächspartner und sagten: Ist er nicht Josefs Sohn, kennen wir nicht seinen Vater und seine Mutter? Damit wehren sie sich gegen die unerhörte Behauptung, dass mit Jesus Gott selbst uns begegnet und uns das Großartigste geben will, das nur er geben kann, aber nicht für sich behalten will, sondern es uns geben will.

Wie aber? Wie bekommt man diese Gabe des himmlischen Vaters?

Auch auf diese Frage ist die Antwort in Jesu Worten enthalten: wer den Sohn sieht und glaubt an ihn, der hat das ewige Leben. Schon jetzt und hier. Und dereinst.

Damit wird die Art, wie wir Jesus sehen und ob wir an ihn glauben zu entscheidenden Frage. Oder theologisch gesprochen: die Christologie wird zum Zentrum des Glaubens. Der zweite Artikel. Hier wird, wie auch sonst im Johannesevangelium, Gott und Christus so eng miteinander verbunden, dass die spätere trinitarische Theologie daraus ihr Modell des einen

Gottes in drei Gestalten entwickelt hat. Der Glaube an Jesus ist die Voraussetzung für den Erhalt des Geschenks, das Gott bereit hält.

[Insofern ist die Form unseres apostolischen Glaubensbekenntnisses nicht unproblematisch. Denn da heißt es ja im 3. Artikel, im Artikel über den Heiligen Geist: Ich glaube an die heilige christliche Kirche, die Vergebung der Sünden und die Auferstehung von den Toten und das ewige Leben. So als müsse man nur glauben, dass es die Auferstehung gibt oder das ewige Leben, dann wird es Wirklichkeit. Bei Jesus ist das anders. Da ist der Glaube an ihn als dem Sohn, der vom Vater gesandt wird, bereits schon das Angeld, das Ausreichende, um an seiner Auferstehung und seinem ewigen Leben Anteil zu haben. Jesus sagt nicht: Glaube an die Auferstehung, dann wirst du sie auch erleben; er sagt: glaube an mich und den, der mich gesandt hast, dann hast du das Brot des Himmels, das wahre Leben.]

Damit wird der Glaube an Christus zur Tür, durch die das Lebensbrot in uns eindringt. Und dieser Glaube an Jesus meint ganz zugespitzt: den Glauben daran, dass er vom Vater ausgegangen ist und zum Vater zurückgekehrt ist. Dass er mehr ist als ein Mensch. Mehr als ein frommer Rabbi. Mehr als ein besonders guter Mann. Mehr als die Liebe in Person. Nämlich: Dass in ihm Gottes Heilsplan mit uns Menschen verwirklicht wurde. Dass in ihm Gott selbst wirkt - uns zugute.

Salz in der Suppe

Matthäus 5,13-16 / 8. Sonntag nach Trinitatis

Liebe Gemeinde,

„Und Jesus zog in ganz Galiläa umher, lehrte in den Synagogen, verkündigte da Evangelium des Reiches Gottes und heilte jede Krankheit und jede Schwäche im Volk. Und sein Ruf verbreitet sich in ganz Syrien. Und man brachte ihm alle die Kranken, die an mancherlei Krankheiten und Qualen litten, Besessene und Mondsüchtige und Lahme, und er heilte sie. Große Volksmassen folgten ihm, aus Galiläa, aus der Dekapolis, aus Jerusalem, aus Judäa und aus dem Ostjordanland."

So wird die Bergpredigt eingeleitet. Das sind Jesu Zuhörer. Leute, Volksmassen, Leute aus allen Schichten, aber vor allem Menschen, die krank, lahm, die behindert, die Epilepsie haben, Menschen, die Krebs und Geschwüre haben. Die sind Jesu Zuhörer. Und die unendliche Zahl der Armen. Man muss sich das so vorstellen, dass in Israel zur Zeit Jesu die Menschen zu allermeist so lebten, wie die Slumbewohner von Bombay oder Kalkutta, von Rio de Janeiro oder im Hungergebiet Äthiopiens. Die Menge, die Jesus zuhört, ist eine Menge von Menschen voller Sorgen, geplagt von Armut und Krankheit, deren Leben größtenteils eine Qual ist und die von den anderen wohlhabenderen behandelt werden wie der letzte Dreck. Sie kommen zu Jesus, um seine Botschaft zu hören, um von ihm Heilung ihrer Krankheiten zu erhalten.

Ja, als Jesus die Bergpredigt hielt, da saß eine bunt gemischte Zuhörerschar auf dem Gras und den Steinen am Berghang. Die meisten waren sicher Frauen, junge Frauen, Frauen mit Kindern auf dem Arm oder an der Hand, ältere Frauen, denen das Steigen auf den Berg schwer fiel. Es werden auch Männer darunter gewesen sein, Bauern und Fischer vom See Genezareth, die Gesichter von der Sonne gebräunt, gezeichnet von harter Arbeit, vielen Sorgen und Entbehrungen. Und ich sehe auch Jugendliche unter ihnen, denn die waren damals wie heute immer da, wo was los war. Und wenn viele Leute zusammenströmten, dann gingen sie mit. Allein schon aus Neugier. Oder weil sonst nicht so viel los war in den Dörfern.

Und was erlebten sie: eine Rede. Eigentlich etwas langweiliges. Aber diese Rede hatte etwas besonderes. Da kamen Sätze drin vor, die nicht so einfach von einem abprallten.

Mt 5,13 Ihr seid das Salz der Erde. Wenn nun das Salz nicht mehr salzt, womit soll man salzen? Es ist zu nichts mehr nütze, als dass man es wegschüttet und lässt es von den Leuten zertreten.
14 Ihr seid das Licht der Welt. Es kann die Stadt, die auf einem Berge liegt, nicht verborgen sein. 15 Man zündet auch nicht ein Licht an und setzt es unter einen Scheffel, sondern auf einen Leuchter; so leuchtet es allen, die im Hause sind.
16 So lasst euer Licht leuchten vor den Leuten, damit sie eure guten Werke sehen und euren Vater im Himmel preisen.

Und diesen Menschen sagt Jesus: Ihr seid das Salz der Erde. Ihr seid das Licht der Welt. Damit geschieht zunächst etwas ungeheuer Aufregendes. Den Menschen, die in ihrem Alltag erleben, dass sie ausgenutzt, beschimpft, verachtet oder unbeachtet bleiben, ihnen ruft Jesus zu: Ihr seid etwas Besonderes. Ihr seid so nötig wie das Salz und das Licht. Jeder von euch hat einen besonderen Wert in den Augen Gottes. Ihr alle seid Kinder Gottes.

Liebe Gemeinde, ich glaube, dass eine der vielen Bedeutungen Jesu für die Menschen seiner Zeit darin lag, dass er denen, die sich selbst eigentlich nur als Fußabtreter, als die letzten, als die, denen man direkt oder übertragen in den Hintern trat, dass er diesen Menschen verkündete: In den Augen Gottes seid ihr viel wert, unendlich viel wert.
Ihr seid Kinder Gottes. Das war die befreiende Botschaft. In den Augen Gottes ist der, der von den anderen Verachtet wird, eine kostbare Perle. Ich glaube weiter, dass diese Botschaft Jesu unter den Armen in Israel zu einer großen Sammlungsbewegung geführt hat, dass sie sich ihres Wertes bewusst wurden und deshalb von den Römern als gefährlich eingestuft wurden. Eine Menschenmenge, die plötzlich entdeckt, dass ihre Rolle als Prügelknaben und schlecht bezahlte Taglöhner nicht naturgegeben und gottgewollt ist, drängt auf Veränderungen. Und das haben die Herrschenden aller Zeiten nicht gern.
Ihr seid das Salz der Erde. Ihr seid das Licht der Welt. Das ist die frohe, die befreiende Botschaft für die Armen dieser Erde, für alle, die meinen, dass ihr Leben keinen Sinn und keine Zukunft mehr hat.

Aber das muss man spüren. Salz schmeckt man. Schmecken die anderen, dass ihr Salz seid? Das ist die Frage Jesu an seine Hörer. Merken die Leute etwas von euch. Oder seid ihr stumm, geduldig, angepasst, still vor euch hin leidend? Merken die Leute, dass es euch gibt und dass ihr einen Werkt habt, so wie man das Salz in der Suppe schmeckt und sie erst dadurch wohlschmeckend wird. Liebe Gemeinde, stellen sie sich das ganz konkret vor: hunderte von ungewaschenen, kranken, an Krücken gehender Leute, voller Hunger und Resignation – und ihnen ruft Jesus zu: macht euch bemerkbar, ihr seid so wichtig und kostbar wie das Salz, ohne das die Speisen nicht gut schmecken. Wenn man aber von euch nichts merkt, so wäre das so, wie wenn das Salz salzlos wird. Hier verwendet Jesus ein Wortspiel in seiner Muttersprache. Das gleiche Wort bedeutet: salzlos sein und dumm reden. Wenn das Salz salzlos wird – oder wenn ihr, die ihr das Salz seid, dumm redet (statt zu handeln) zu was taugt ihr dann, zu was taugt das Salz. „Es taugt zu nichts weiter, als dass man es hinauswirft und es von den Menschen zertreten wird."

Jesus Sprache ist hart, aufrüttelnd. Er will, dass Menschen in Bewegung geraten. Das sie nicht passiv, duldend, leidend das Unrecht, in dem sie leben, hineinnehmen. Er will, das sie sich auf Machen und handeln. „Man lässt auch nicht eine Lampe brennen und stellt sie unter den Scheffel, sondern auf den Leuchter, so wird sie allen im Haus leuchten." So dumm ist kein Mensch, dass er eine Kerze anzündet und sie dann unter den Messbecher stellt. Aber – so ist Jesus zu verstehen – so dumm handelt ihr, wenn man nicht sieht, dass jeder von euch leuchten kann.

Vor einiger Zeit habe ich Konfirmandinnen und Konfirmanden Gedanken zu der Frage: Wie kann jemand Licht sein? Wie kann ich Licht sein aufschreiben lassen. Ich habe die Antworten aufgehoben. Ich möchte einige davon vorlesen:

Wenn einer mich fröhlich ansieht, mich mag, mir ein Vorbild ist, mir etwas Gutes tut, mir in schweren Situationen hilft
Wenn ich bei einem Unfall blind werde und einer mich führt; Wenn ich traurig bin und jemand mich tröstet
Wenn jemand lieb zu mir ist. Wenn er mir Geschenke macht.
Wenn ich Hilfe brauche, dass er mir dann hilft

Und ihr wurdet gefragt: "Wie kann ich für andere zu einem Licht werden?". Hören Sie, liebe Gemeinde, die Antworten unserer Jugend:
Indem ich anderen helfe und Gutes tue. Wenn ich Freude ausstrahle. Wenn jemand Hilfe braucht, dass ich dann helfe. Wenn ich jemand glücklich mache. Wenn ich jemandem einen Gefallen tue. Wenn ich jemandem einen Rat gebe. Wenn ich zu jemandem lieb bin.
Licht sein, heißt offenbar nicht, besondere schulische oder sportliche Leistungen zu erbringen, sondern so sein, dass etwas ausstrahlt. Von mir auf andere. Das ich im richtigen Augenblick mit so verhalte, dass der andere wieder strahlt.
Vielleicht hat Jesus damals ähnliche Reaktionen von seinen jungen Zuhörern und Zuhörerinnen erwartet oder auch bekommen. Oder aber sie waren zu ängstlich, sich selber etwas zuzutrauen. Darum hat er hinzugefügt: "Man zündet ja auch kein Licht an und stellt es dann unter einen Topf, sondern auf einen Leuchter; so leuchtet es allen, die im Hause sind." Jeder von euch kann Licht sein. Kann Strahlen und Ausstrahlen. Dann haben alle etwas davon. Versteckt es nicht. So dumm ist kein Mensch, dass er eine Kerze anzündet und sie dann unter einen Topf stellt. Aber - so ist Jesus zu verstehen - so dumm handelt ihr, wenn man nicht sieht, dass jeder von euch leuchten kann. Man muss es sehen können!

Liebe Gemeinde, wenn ich mich frage, was das für uns heute bedeutet, dann meine ich, dass Jesu Wort ein leidenschaftlicher Kampf gegen die Resignation ist. Jeder einzelne ist wie ein Salzkörnchen oder eine Kerze. Allein nimmt man ihn kaum wahr. Aber gemeinsam können wir schon ganz schön eine Suppe versalzen oder einen Saal hell machen. Versteckt euch mit euren Sorgen, Nöten und Ängsten nicht in euren Häusern. Jeder einzelne meint zwar, er sei schwach, aber aus vielen Schwachen erwächst eine große Stärke. Wenn wir heute im Gottesdienst ein Kind getauft haben, dann ist das wieder eine Lampen mehr, die leuchten kann und ein Salzkörnchen mehr, das den Teig salzen wird.
Christen, die ihr Christentum im innersten Winkel ihres Herzen verstecken, sind nicht die, die Jesus meint. Das sind die, die ihr Licht unter den Scheffel stellen. Christen muss man leuchten sehen und man muss ihr Salz schmecken.

Und zwar durch das was sie tun.

Wie sie leben. Nicht so, das wäre ein Überforderung, dass sie heiliger oder frömmer leben. Sondern so, dass man die guten Taten sieht und erkennt. Gute Taten im sinne Jesu sind Taten der Liebe. Ein freundliches Wort. Einspringen und helfen, wo Hilfe nötig ist. An andere denken und für sie da sein, wenn sie mich brauchen. Trösten, wenn jemand traurig ist. Statt schimpfen, verstehen. All das anderen tun, was ich gerne hätte, das andere mir tun. Und dabei salzig bleiben. Das heißt auch, mutig den Mund aufmachen, wenn es gilt, gegen Unrecht aufzustehen. Das heißt, mutig immer wieder die Stimme für den Frieden erheben. Mutig entgegentreten, wenn jemand gegen Ausländer hetzt oder sagt: den Holocaust hat es nie gegeben.

Damit auch die anderen merken, mit uns Christen muss man rechnen. Wir sind wachsam und melden uns, wenn es nötig ist. „So soll euer Licht vor den Menschen leuchten, so dass sie eure guten Werke sehen und euren Vater in den Himmel preisen.“

Meinungsbildung

Matthäus 21,28-32 / 11. Sonntag nach Trinitatis

Was meint ihr aber? Es hatte ein Mann zwei Söhne und ging zu dem ersten und sprach: Mein Sohn, geh hin und arbeite heute im Weinberg. Er antwortete aber und sprach: Nein, ich will nicht. Danach reute es ihn, und er ging hin. Und der Vater ging zum zweiten Sohn und sagte dasselbe. Der aber antwortete und sprach: Ja, Herr! und ging nicht hin. Wer von den beiden hat des Vaters Willen getan? Sie antworteten: Der erste. Jesus sprach zu ihnen: Wahrlich, ich sage euch: Die Zöllner und Huren kommen eher ins Reich Gottes als ihr. Denn Johannes kam zu euch und lehrte euch den rechten Weg, und ihr glaubtet ihm nicht; aber die Zöllner und Huren glaubten ihm. Und obwohl ihr's saht, tatet ihr dennoch nicht Buße, so dass ihr ihm dann auch geglaubt hättet.

Liebe Gemeinde,

was meint ihr denn? Was ist eure Meinung dazu? Mit diesen Worten beginnt Jesus sein Gespräch mit denen, die sich um ihn gesammelt haben. Euer Urteil ist wichtig. Das macht das Besondere an Jesus aus, das er nicht fertige Urteile abgibt, sondern dass er uns nach unserer Stellungnahme fragt. Was meint ihr dazu?

Und dann, darin ist Jesus Meister, schildert er eine Szene aus dem Alltag. Etwas, das wir alle kennen.
Da kommt jemand und will etwas von uns. Und uns ist das unangenehm, unbequem. Wir sagen: nein, das mache ich jetzt nicht. Und dann tut es uns doch leid, wir halten uns im nachhinein für hartherzig oder zu kalt, zu schroff, und dann tun wir es trotzdem.
Da kommt jemand und will etwas von uns. Und wir wollen niemanden enttäuschen. Wir sagen: ja, das mache ich. Und wenn der, den wir nicht enttäuschen wollten, weg ist, denken wir: warum sollte ich. Und tun es nicht.
Mir ist dazu eine kurze Episode eingefallen, die Ephraim Kishon, der jüdische Schriftsteller und Satiriker, einmal geschrieben hat über die "ausgesucht höflichen Umgangsformen, die in

der Amtsstellen der westlichen Hemisphäre gang und gäbe sind, besonders in der angelsächsischen Welt.“ Er parodiert ein Telefongespräch:

"Ist Herr X in seinem Büro?"
"Ich fürchte, dass er im Augenblick nicht anwesend ist, mein Herr."
"Wann kommt er wider?"
"Es tut mit außerordentlich leid, mein Herr, aber darüber könnte ich Ihnen keine absolut zuverlässige Auskunft geben. Hübsches Wetter heute, mein Herr, nicht wahr?"
"Ja, ganz hübsch. Der Regen ist in den letzten Tagen entschieden wärmer geworden. Würden Sie eine Nachricht für Herrn X übernehmen?"
"Mit größtem Vergnügen, mein Herr."
(Die Nachricht wird langsam diktiert, schwierige Worte werden sorgfältig buchstabiert.)
"Danke sehr, mein Herr. Auf Wiederhören, mein Herr."
(Die Sekretärin legt den Hörer ab, ohne auch nur eine einzige Silbe notiert zu haben.)[2]

Wie urteilen Sie über das Verhalten der beiden Söhne? Würden Sie genauso antworten wie die Zuhörer Jesu: Der, der den Willen des Vaters getan hat, der erste Sohn, das ist der gute.

Will Jesus damit sagen: Es kommt nicht auf die Worte an, sondern darauf, wie man handelt? messt die Menschen nicht an ihren Worten, sondern an ihren Taten? So wie er gesagt hat: an ihren Früchten sollt ihr sie erkennen. Die Tat verweist auf das wirkliche Innere des Menschen, seinen wahren Charakter. Ja, ich glaube, Jesus geht es auch darum. Achtet auf das, was Menschen tun. Wie sie sich verhalten.

Aber wie immer, ist Jesu Reden tiefsinniger. Das Gleichnis ist für ihn nur ein Beispiel, von dem er direkt übergeht auf eine andere Ebene. Auf die Ebene unserer Beziehung zu Gott.

Wenn ihr sagt, der erste Sohn, der, der zunächst nein sagt, aber handelt, wie der Vater es gewünscht hat, habe recht gehandelt, wie steht es dann mit eurem Tun angesichts des Willens eures himmlischen Vaters, den er euch kundgetan hat durch Johannes den Täufer?

---

[2] Ephraim Kishon, Drehn Sie sich um, Frau Lot! Satiren aus Israel, dtv. 1964, S. 17 Anm. 8.

Johannes der Täufer hatte ja die Menschen zur Umkehr aufgerufen. Zur Änderung ihres Verhaltens zueinander und gegenüber Gott. Auf einmal steht nicht mehr nur die Meinung über die beiden Söhne auf dem Spiel, sondern die Meinung über Johannes den Täufer. Wenn ihn ihm Gott selber seinen Willen kundtat, weshalb habt ihr ihn dann nicht getan.

Verärgerung wird sich breit gemacht haben unter den Zuhörern. Vielleicht auch Erschrecken. Jetzt hat er uns ertappt.

Plötzlich geht es nicht mehr um eine Meinung, sondern es geht um Verhalten. Nicht, was wir meinen, will Jesus wissen, sondern wie wir uns verhalten - gegenüber Gott. Ob wir das tun, was er von uns erwartet, oder ob wie sagen, ja, ja, aber dann spielt ER in unserem Alltag keine Rolle mehr.

Aber Jesus geht noch einen Schritt weiter. Er provoziert. Er sagt etwas Ungeheuerliches: Die Huren und die Zöllner werden eher ins Reich Gottes kommen als ihr. Sie haben Johannes geglaubt. Sie taten Buße. Und dann, als Schlussfanfare: Und obwohl ihr es gesehen habt, tatet ihr nicht Buße, so dass ihr ihm auch dann nicht geglaubt hättet.

Ungeheuer provozierend ist Jesus. Geradezu verletzend. Aber es geht ihm dabei darum, die Augen zu öffnen. Er will damit nicht verdammen, sondern Umkehr bewirken. Seht doch selbst, wie inkonsequent ihr seid, will er damit sagen. Ihr seid urteilsfähig, wenn es um eine Geschichte geht, wendet die gleiche Urteilsfähigkeit auf euch selber an. Werft die Scheuklappen ab, die ihr an Rollen festmacht: Hure, Zöllner, Asozialer. Und die euch hindern, zu sehen, wie sich deren leben verändert hat durch die Begegnung mit Johannes dem Täufer, mehr noch, mit Gott.

Martin Luther hat es in einer Predigt zu dieser Stelle so formuliert: "Es fahren mehr Christen vom Galgen gen Himmel als vom Kirchhof. Das ist eine spöttische Rede, aber dennoch wahr. So sagt Christus auch hier: die Zöllner gehen euch voran ins Himmelreich."

Es ist eine aufregende Geschichte, diese scheinbar kurze Begegnung mit Jesus. Vor seinem Auge wird schonungslos sichtbar, wie unser Verhalten im Angesicht Gottes zu bewerten ist, weil wir selbst diesen Wertmaßstab an andere anlegen.

Damit rückt Jesus den Blick auf das Zentrum: Dem Willen Gottes gemäß leben. Das zieht sich wie ein roter Faden durch die Verkündigung Jesu nach dem Matthäusevangelium:

"21 Es werden nicht alle, die zu mir sagen: Herr, Herr!, in das Himmelreich kommen, sondern die den Willen tun meines Vaters im Himmel."

"12,50 Denn wer den Willen tut meines Vaters im Himmel, der ist mir Bruder und Schwester und Mutter."

über die Bitte im Vaterunser: "Dein Wille geschehe"
bis hin zu dem Ringen im Gebet im Garten Getsemane: "Aber nicht mein, sondern dein Wille geschehe"

Er selbst hat vorgelebt, was es heißt, nach dem Willen des himmlischen Vaters zu leben.

Das Zentrum ist dabei die Liebe. Die Liebe zu Gott und die Liebe zu Menschen. Hieran scheitern wir immer und bedürfen immer aufs Neue Vergebung und Umkehr. Am Maßstab der Liebe misst Jesus alles: Seine Verkündigung, seine Gleichnisse, sein Heilen, sein Vergeben, seine Hingabe an Gott und für uns Menschen, auch sein Streiten, um die Menschen von ihrer Lieblosigkeit zu befreien.

Diese kurze Szene des Streites zwischen Jesus und seinen Zuhörern führt uns damit in die Mitte seines Evangeliums: Gott selbst und dem Tun seines Willens: der Liebe.

Fragen wir uns selbst, lassen wir uns von Jesus fragen: Sagen wir ja, ja - und lassen es dabei. Recht hat er schon, gut gesprochen, aber ich mach es trotzdem anders. Oder sagen wir: nein, das ist uns viel zu anstrengend - und gehen dann hin in diese Woche und geben anderen Zeichen der Liebe Gottes?

(Un-)Heilbar

Lukas 17,11-19 / 14. Sonntag nach Trinitatis

Und es begab sich, als er nach Jerusalem wanderte, dass er durch Samarien und Galiläa hin zog. Und als er in ein Dorf kam, begegneten ihm zehn aussätzige Männer; die standen von ferne und erhoben ihre Stimme und sprachen: Jesus, lieber Meister, erbarme dich unser!
Und als er sie sah, sprach er zu ihnen: Geht hin und zeigt euch den Priestern! Und es geschah, als sie hingingen, da wurden sie rein.
Einer aber unter ihnen, als er sah, dass er gesund geworden war, kehrte er um und pries Gott mit lauter Stimme und fiel nieder auf sein Angesicht zu Jesu Füßen und dankte ihm. Und das war ein Samariter.
Jesus aber antwortete und sprach: Sind nicht die zehn rein geworden? Wo sind aber die neun? Hat sich sonst keiner gefunden, der wieder umkehrte, um Gott die Ehre zu geben, als nur dieser Fremde? Und er sprach zu ihm: Steh auf, geh hin; dein Glaube hat dir geholfen.

Liebe Gemeinde,

"Du hast mir meine Klage verwandelt in einen Reigen, du hast mir den Sack der Trauer ausgezogen und mich mit Freude gegürtet, dass ich dir lobsinge und nicht stille werde. HERR, mein Gott, ich will dir danken in Ewigkeit."
Das sind Worte aus dem 30. Psalm. Worte, die ein Mensch im Tempel sprach, der erlebt hatte, dass Gott ihn gesund gemacht hatte.
"Ich preise dich, HERR; denn du hast mich aus der Tiefe gezogen und lässest meine Feinde sich nicht über mich freuen. HERR, mein Gott, als ich schrie zu dir, da machtest du mich gesund. HERR, du hast mich von den Toten heraufgeholt; du hast mich am Leben erhalten ..."
Die Freude über die Genesung mündet nicht nur ein in den Dank an Gott, sondern in die Aufforderung an die ganze Gemeinde, mit einzustimmen in den Lobpreis Gottes: "Lobsinget dem HERRN, ihr seine Heiligen, und preiset seinen heiligen Namen!" Es gehört zu den kostbaren Schätzen des Erbes des alten Israel, dass wir in den Klagen des Psalters einen Einblick gewinnen in das Ringen der Menschen mit Gott, das Schreien zu ihm in der Not, aber auch in das tiefe Vertrauen auf Gottes helfendes Eingreifen und dass wir in den Dankliedern Zeugen werden können von Erlebnissen von Rettung. Denn es war im antiken

Israel Sitte und Brauch, dass einer, der geheilt wurde, in den Tempel oder die Synagoge ging und vor der versammelten Gemeinde Gott den Dank abstattete für die erfahrene Wende der Not.
Das, was Israel in seinem Erbe hatte, Gott zu danken für erfahrene Genesung oder Rettung aus Not, war offenbar zur Zeit Jesu in Israel in Vergessenheit geraten. Nicht so bei den Samaritern. Der zu Jesus zurückkehrende Samariter tut das, was eigentlich in Israel einst heilige Sitte war: Er pries Gott mit lauter Stimme. Dass alle es hören konnten oder sollten. Nicht die geheilten Israeliten, sondern der geheilte Samariter pflegt das Erbe Israels. Hält die Tradition lebendig und damit das Wissen um den, der Heilung bewirkt hat: Gott.
Nachdem im Text des letzten Sonntags von Jesus ein Samariter zum Vorbild für Barmherzigkeit gemacht wurde, erscheint hier der Samariter als wahrer praktizierender und gläubiger Bewahrer des Erbes Israels.
Um die Brisanz dieses Ereignisses zu verstehen, fällt mir ein Beispiel aus unserer Zeit ein: Ein praktizierende Christ aus Südostasien kommt zum ersten Mal in seinem Leben nach Deutschland. Er hat in der Schule und auch in seiner Gemeinde gelernt, dass Europa die Wiege des Christentums ist. Dass 2000 Jahre die christliche Kirche existiert und dass es mehrere Millionen Kirchenmitglieder gibt. Und er denkt: hier werden die Kirchen bersten und alle üben sich in Nächstenliebe und jeder sieht im Mitmenschen Bruder und Schwester. Und dann erlebt er uns als eine Gesellschaft, in der vor allem materieller Besitz zählt, in der sich immer mehr aus materiellen Gründen von der Kirche lösen. Und er denkt: vielleicht sind jetzt wir auf den Philippinen die Erben des christlichen Abendlandes. Vielleicht denkt er es nicht nur, sondern ist es auch.
Jesus, lieber Meister, erbarme dich unser. Was wir in jedem Gottesdienst rufen: Christe eleison, Christus, erbarme dich, hat in diesem Ruf der 10 Aussätzigen ihren Ursprung. Es ist der Ruf aus der Not, aus der Verzweiflung, aus dem von Schmerzen und Behinderung geplagten Körper, es ist der Schrei des Leidens an Körper und Seele. Denn die Aussätzigen sind ja draußen, müssen sich fernab von den "normalen" Menschen aufhalten, draußen, vor dem Dorf kampieren und dürfen nicht in Berührung kommen mit den Gesunden. Es sind nicht nur körperlich geschädigt, sondern auch seelisch verwundet: rau geworden durch das bittere Leben fern ab von geregelter Normalität, bitter geworden durch die Chancenlosigkeit ihrer Krankheit. Denn alle traditionellen Mittel der Medizin führten zur selben ausweglosen Erkenntnis: unheilbar. Eine Krankheit zum Tod und schon vorweggenommener Tod im Leben, weil alle sozialen Kontakte sich beschränken auf den kleinen Kreis der Leidensgenossen mit den gleichen Symptomen. So bilden dieses 10 Männer eine makabre

Gemeinschaft: was sie verbindet ist die gleiche Krankheit und die gleiche Ausweglosigkeit, die Abhängigkeit von den Almosen barmherziger Spender und der Allgegenwärtigkeit des Elends an Körper und Seele. Und jetzt verbindet sie derselbe Ruf: eleyson, Jesus, Meister, erbarm dich unser.

Eine eindrückliche Beschreibung der Krankheit findet sich in Adolf Holls Buch, Der letzte Christ. "Der Aussatz beginnt am kleinen Finger, breitet sich dann über Hände und Füße aus. Finger und Zehen fallen ab. Später erscheinen nussgroße Knoten im Gesicht, führen zur Verdickung von Nase und Lippen. Bei fortschreitender Krankheit verbreitet der Aussätzige einen Gestank wie ein Ziegenbock. Zuleitet leidet er unter unstillbarem Durst und Bewegungsunfähigkeit. Nach durchschnittlich acht Jahren ist es dann mit ihm zu Ende."

Jesus bleibt übrigens in dieser Begegnung in der Distanz. Er legt keine Hände auf und berührt keinen der Aussätzigen.

Von Franz von Assisi wurde erzählt:

Franz begegnet während eines Spazierritts in der Umgebung von Assisi einem Aussätzigen. Von fürchterlichem Ekel erfüllt, tat sich Franz Gewalt an, stieg vom Pferd, gab dem Mann ein Geldstück und küsste ihm die Hand. Auch jener gab ihm den Friedenskuss. Kurz danach nahm Franz eine größere Summe Geldes und begab sich in das Heim des Leprosen. Alle die Siechen liefen zusammen. Franz reichte jedem ein Geldstück und küsste ihm die Hand. Als er von dannen ging, war wirklich in Süße verwandelt, was vorher bitter gewesen ist."

Diese Geschichte von Franz von Assisi, wie sie Holl erzählt, zeigt einen großen Unterschied zu der Erzählung von Jesus: Franz überwindet seinen Ekel, Jesus heilt. Oder besser: durch ihn heilt Gott. Jesus befiehlt, die Priester aufzusuchen. Nach dem Alten Testament haben die Priester zu entscheiden, ob ein Mensch Aussatz hat oder nicht. Sie entscheiden damit zugleich über rein und unrein: Wer Aussatz hat ist unrein und muss von allen anderen gemieden werden. Jesus hält sich an diese Vorschrift. Und überwindet dennoch die Distanz, indem er den Weg zum Heilwerden weist.

Einer von ihnen kehrte um und pries Gott mit lauter Stimme. Einer, ganz allein. Ohne den Schutz der Gemeinschaft. Er lässt sich allein von seiner inneren Stimme leiten, seinem Gefühl, Jesus zu danken. Sehr genau unterscheidet er: Gott preist er, denn Gott ist der, der Heilung bewirken kann, der allein Wunder tut. Jesus dankt er, weil er der Mittler dieser Heilung war. Der Samariter sieht hinter der Hilfe den Helfer.

Die anderen neun bleiben körperlich gesund. Das steht außer Frage. Aber allein der Samariter erfährt etwas für seine Seele Entscheidendes.

"Hauptsache gesund" ist ein Spruch, den ich schon oft gehört habe. Die Gesundheit ist fraglos ein kostbares Gut. Auch für Jesus ist Gesundheit eines Menschen ganz wichtig, sonst hätte er nicht als Heiler gewirkt. Aber die Hauptsache ist die Gesundheit des Körpers nicht. Hauptsache ist, hinter der Gesundung und dem Heilen der gesehen wird, der allein beides bewirken kann. Was der Samariter mehr hat als die neun anderen ist der Blick hin zu Gott. Er sieht hinter dem Geschehen Gott am Werk und preist ihn. Er sieht an sich, in sich, mit sich Gott wirken. Gott hat etwas mit ihm gemacht. Gott hat etwas mit seinem Körper gemacht - und damit wird er zum lebenden Beweis des Wirkens Gottes in seinem ganz persönlichen Leben und Schicksal. Und er gibt Gott die Ehre.

"Hat sich sonst keiner gefunden, der wieder umkehrte, um Gott die Ehre zu geben, als nur dieser Fremde?" fragt Jesus. Das ist der entscheidende Unterschied zwischen dem einen und den Neunen: Einer gibt Gott die Ehre. Er sieht wirklich mit dem Herzen. Er ist gläubig.

Jesu letztes Wort greift genau das auf: Dein Glaube hat die geholfen. Das wäre missverstanden, wenn man denken würde, Glaube würde Heilung bewirken. Nach dem Motto, wenn du krank bist, glaubst du nicht richtig. Dann würde Jesus ja indirekt sagen: als du aussätzig warst, hast du nicht richtig geglaubt. Wenn das so wäre, dann müsste ein Bekehrungserlebnis bei dem Aussätzigen stattgefunden haben. Davon wird aber mit keinem Wort geredet. Dann aber hat der Satz: Dein Glaube hat dir geholfen, einen andere Bedeutung. Ich verstehe ihn so. Dein Glaube hat dir geholfen, Gott hinter dem Geschehen zu sehen. Dein Glaube hat dir geholfen, ihm die Ehre zu geben. Dein Glaube hat dir geholfen, zu mir zu kommen und mir zu danken. Dein Glaube hat dir geholfen, das zu tun, was von altersher bekannt war: Gott nach der Heilung ein Dankopfer darzubringen. Dein Glaube hat dir geholfen, die richtigen Schritte zu tun nach Deiner Heilung. Dein Glaube hat dir geholfen, den Weg zu Gott und zu mir zu finden.

Dann ist Glaube auf einmal nicht ein Mirakelglaube und auch keine Bedingung für Heilung, sondern lebendige Beziehung zu Gott und zu Jesus. Ist die Kraft, Gott zu danken für das, was er in unserem Leben tut. Ist die Energie, sich allein aufzumachen und das menschlich Gebotene zu tun: Dank sagen, wenn Gott Großes getan hat in unserem Leben. Ihm die Ehre zu geben. Auch die Gesundheit nicht als Hauptsache zu sehen, sondern Gott in der Mitte unseres Daseins.

Gott lieben

Markus 12,28-34 / 18. Sonntag nach Trinitatis

Und es trat zu ihm einer von den Schriftgelehrten, der ihnen zugehört hatte, wie sie miteinander stritten. Und als er sah, dass er ihnen gut geantwortet hatte, fragte er ihn: Welches ist das höchste Gebot von allen?
Jesus aber antwortete ihm: Das höchste Gebot ist das: "Höre, Israel, der Herr, unser Gott, ist der Herr allein, und du sollst den HERRn, deinen Gott, lieben von ganzem Herzen, von ganzer Seele, von ganzem Gemüt und von allen deinen Kräften" (5. Mose 6,4.5). Das andre ist dies: "Du sollst deinen Nächsten lieben wie dich selbst" (3. Mose 19,18). Es ist kein anderes Gebot größer als diese.
Und der Schriftgelehrte sprach zu ihm: Meister, du hast wahrhaftig recht geredet! Er ist nur einer, und ist kein anderer außer ihm; und ihn lieben von ganzem Herzen, von ganzem Gemüt und von allen Kräften, und seinen Nächsten lieben wie sich selbst, das ist mehr als alle Brandopfer und Schlachtopfer.
Als Jesus aber sah, dass er verständig antwortete, sprach er zu ihm: Du bist nicht fern vom Reich Gottes. Und niemand wagte mehr, ihn zu fragen.

Liebe Gemeinde,

* Vom Zentrum des christlichen Glaubens hören wir heute, dem Doppelgebot der Liebe.

Im Konfirmandenunterricht habe ich die Konfirmandinnen und Konfirmanden gefragt: Welches von den 10 Geboten haltet ihr für das Wichtigste. Es waren 28 Konfirmanden. 26 davon haben geantwortet: Das Gebot: Du sollst nicht töten. Keiner hat das erste Gebot genannt.
Dass man einen anderen nicht töten darf, ja, dass durch dieses Gebot das Leben von uns Menschen geschützt wird, jeder eine unantastbare Würde, ein Recht auf Leben hat - das war für sie einleuchtend. Konkret und verstehbar.
Welches von den 10 Geboten ist das Wichtigste? Darüber hat auch Jesus mit seinen Jüngern und seinen Zuhörern gestritten. Er aber setzt den Akzent anders. Für ihn ist das erste Gebot

das Wichtigste. Allerdings nicht in der Form, wie wir es beim Auswendiglernen der Gebote gelernt haben: "Du sollst keine anderen Götter neben mir haben", sondern in der positiven Form, wie es im 5. Buch des Mose steht: "Du sollst den HERRn, deinen Gott, lieben von ganzem Herzen, von ganzer Seele, von ganzem Gemüt und von allen deinen Kräften". Dazu muss man etwas wissen:

- Wenn man heute im modernen Israel ein Haus oder eine Wohnung betritt, dann hängt am Türzargen der Eingangstür eine kleine aus Holz oder Porzellan, manchmal auch aus Ton gefertigte Kapsel, so etwa 10 cm lang und 1-2 Zentimeter breit. Ein gläubiger Israeli, der an dieser Türkapsel vorbeigeht, berührt sie mit seinen Fingerspitzen. Manchmal führt er sie dann auch noch an seinen Mund. Das wirkt merkwürdig, wird jedoch auf einmal verständlich, wenn man weiß, was in der Kapsel drin ist. Diese Kapsel, man kann sie als Tourist auch als Souvenir kaufen, enthält in sich ein zusammengefaltetes Stück Papier, auf dem Bibelworte stehen, immer die gleichen in jeder Kapsel. Und diese Bibelworte beginnen mit den Worten: *"Sch^{e}ma' Jisrael, Adonaj Elohenu Adonaj ächad"* Höre, Israel, der Herr, unser Gott, ist der Herr allein, und du sollst den HERRn, deinen Gott, lieben von ganzem Herzen, von ganzer Seele, von ganzem Gemüt und von allen deinen Kräften". Die Sitte, dieses "Höre Israel" an die Türpfosten anzubringen, findet sich schon in alttestamentlicher Zeit. Jesus hat sie also gekannt. Vielleicht befand sich eine solche Kapsel, Mesusa genannt, auch am Haus seines Zimmermann - Vaters Josef.

Jesus sagt damit: Was ihr täglich vor Augen habt, wenn ihr ein Haus betretet, das ist das höchste Gebot.

Gott lieben. Was heißt das konkret.

Nach wie vor finde ich das, was Martin Luther sagte, am treffendsten. "Woran einer sein Herz hängt, das ist sein Gott." Fragen Sie sich heute Abend einmal im stillen Kämmerchen, woran hängt Ihr Herz. Was ist Ihnen täglich am Wichtigsten. Was ist Ihnen in Ihrem Leben am Wichtigsten. Woran hängt Ihr Herz. Fragen Sie es sich einmal selber. Ganz für sich allein. Und blicke Sie dann in Ihre Antwort wie in einen Spiegel: Ist das eigentlich mein Gott, dem ich Herz, Gefühl, Seele und meine Kräfte widme?

Keine Angst, ich werde nicht moralisch und stelle Ihnen negative Beispiele vor, woran Menschen Ihr Herz hängen. Das brauche ich nicht, das wissen Sie selbst. Aber mich selbst einmal wirklich vor meinem eigenen seelischen Auge zu befragen, das ist etwas anderes. Da kann ich mich nicht verstecken hinter dem: Ja, die anderen.

Ich bin übrigens der Meinung, dass Gott zu lieben nicht bedeutet, dass ich bestimmte Dinge tun muss. Wie es etwa die Mönche und Nonnen zu tun meinen. Liebe verlangt keine Leistung.

Liebe zeigen kann man nicht durch Rituale. Wenn Sie einen Menschen lieben, dann bekunden Sie das ja auch nicht mit Ritualen. - Der Blumenstrauß am Hochzeitstag ist ja eher eine Eingeständnis, dass man im Alltag sich zu wenig zeigt, dass man sich liebt. Was tun Sie, wenn Sie jemanden ganz innig lieben? Sie sagen es ihm, zeigen es ihm, schenken ihm spontan etwas, freuen sich, bei ihm zu sein, lächeln ihn an, zeigen ihm, dass er ihnen gut tut.
Übertragen wir es auf Gott, dann kommt heraus: Sie sagen es ihm, dass Sie ihn lieben, Sie zeigen es ihm, Sie schenken ihm etwas, Sie freuen sich, ihm zu gehören, Sie zeigen ihm, dass er ihnen gut tut. Vielleicht darüber hinaus: Sie danken ihm, dass er Ihnen Leben und Gesundheit schenkt oder Kraft, für den Alltag. Sie singen ihm ein Lied. Auf dem Feld. Im Haus. Im Auto.

* Vom Zentrum des christlichen Glaubens hören wir heute, dem Doppelgebot der Liebe.

Das Neue, was Jesus in die Welt gebracht hat, ist nicht das Gebot der Gottesliebe. Das steht schon im Alten Testament. Es ist auch nicht das Gebot der Nächstenliebe, das steht auch schon im Alten Testament. Im dritten Buch Mose. Übrigens: im selben 19. Kapitel des 3. Buches Mose, fast nebeneinander steht auch noch: "Du sollst den Fremdling lieben wie dich selbst". Nein, das Gebot der Gottesliebe und das Gebot der Nächstenliebe teilen sich Juden und Christen. Das Neue ist, dass Jesus beide einander gleich stellt. Gottesliebe ohne Menschenliebe ist Heuchelei, Menschenliebe ohne Gottesliebe stellt das Geschöpf über den Schöpfer, stellt den Menschen in den Mittelpunkt und verliert die Mitte oder den Urgrund des Seins.
Man hat früher gesagt: Das Spezifisch Christliche sei die Nächstenliebe. Das stimmt so nicht, da die Nächstenliebe schon im Judentum verwurzelt war. Das Spezifisch Christliche ist die Gleichrangigkeit von Gottes- und Nächstenliebe. Und dies hat, blickt man in die Geschichte, einen riesigen Strom von Werken der Nächstenliebe hervorgebracht hat. Das ist neben der Spur der Gewalt, die sich durch die Kirchengeschichte zieht, die Spur, die oft übersehen wird: Millionen von Menschen haben ihr Leben in den Dienst an den Nächsten gestellt und tun es immer noch. Ich denke dabei an die Schwestern der Sozialstation, aber auch an die, die zu Hause einen Angehörigen pflegen, ein Kind adoptieren, oder die Menschen, deren Leben bedroht ist, Unterschlupf gewähren, sie verstecken.

Aber: In einer Zeit, in der die Gewaltbereitschaft zunimmt, ist es wichtig, dass wir dieses Gebot nicht nur hochhalten, sondern einüben. Es ist heute wichtiger denn je, dass wir als das

Zentrum dessen, was Kirche zu vermitteln hat, die Gottes- und Menschenliebe hochzuhalten. Das ist unser Dienst an der Menschheit und an unserer Gesellschaft. Denn wo soll es hingehen, wenn die Missachtung der Würde des Menschen weitergeht? Wo hingehen, wenn die Achtung vor dem Menschen verloren geht? Nächstenliebe ist zunächst die Achtung vor dem anderen. Ihn so zu respektieren, wie wir selber respektiert werden wollen.
Denn das Gebot der Nächstenliebe, das wissen wir alle, hat zwei Aspekte: Du sollst deinen Nächsten lieben, wie dich selbst. Man kann übrigens auch übersetzen: Liebe deinen Nächsten, er ist wie du. Hier wird an das erinnert, was wir Menschen alle gemeinsam haben. Vom Atmen bis zum Wunsch, in Frieden zu leben, zu lieben und zu arbeiten. Darum meint das Gebot: Achtung vor dem andern und Selbstachtung.
Es ist eines der großen Probleme, dass wir trotz zweitausendjährigen Wirkens des Christentums bei immer mehr Menschen Probleme mit der Selbstachtung finden. Depressionen und Aggressionen sind beides eigentlich Symptome des Selbsthasses. Ich lenke dann entweder meine Wut und Enttäuschung gegen mich selbst - und werde krank - oder ich lenke sie gegen andere, die dann unschuldiges Opfer werden. In Wahrheit ist beides versteckter Selbsthass. darum muss die Kirche auch lehren, sich selbst anzunehmen. Eigentlich ist Evangelium ja nichts anderes als die Botschaft: Gott sagt ja zu Dir, jetzt kannst Du ja zu Dir sagen - trotz aller Selbstzweifel, aller Selbstquälerei oder auch trotz wirklichen Versagens.
Gott bejaht dich, damit du ja zu Dir sagen kannst. Gott ist da für dich - damit du frei sein kannst, für andere da zu sein.

* Vom Zentrum des christlichen Glaubens hören wir heute, dem Doppelgebot der Liebe.

Warum sagt Jesus zu dem Schriftgelehrten: Du bist nicht fern vom Reich Gottes? Warum sagt er nicht: Du hat das Reich Gottes schon gefunden? Nun, der Schriftgelehrte hat mit seinem Kopf verstanden, worum es geht. Er hat mir seinem Kopf verstanden, dass Jesus ihn ins Zentrum geführt hat. Er hat mit seinem Denken, vielleicht auch schon mit seinem Fühlen, verstanden, dass Gottes- und Nächstenliebe das Wichtigste ist. Aber: es fehlt noch die Tat. Es fehlt noch die Umsetzung. Es fehlt noch, dass er das auch lebt, was er verstanden hat.
Denn jetzt, wo er verstanden hat, beginnt das Schwierige: Es auch zu tun. Es zu leben. Im Alltag. Was heißt es, den anderen lieben wie mich selbst? Darüber, liebe Gemeinde, sollten wir in unseren Kreisen und zu Hause ringen. Also darum, dass Liebe sichtbar wird. Dass sie sichtbar wird und Unterstützung findet, wo sich jemand um einen anderen kümmert, dem es

schlecht geht. Denn das täte mir ja auch gut, wenn ich in dergleichen Lage wäre. Dass ich nicht mehr über andere herziehe - denn ich weiß, wie es mir ergeht, wenn man über mich herzieht. Dass ich mein Herz öffne, wenn ich weiß, da nimmt jemand einen in sein Haus und gewährt ihm Schutz gewähren, weil ihm Abschiebung droht und dann Lebensgefahr. Dass ich nicht die Schuld anderen zuschiebe, sondern anfange, mich mit verantwortlich zu fühlen.
Wir sollten stolz darauf sein können, dass unsere Religion, unser Glaube, unsere Kirche als ihre Mitte die Liebe zu Gott und zu den Menschen bekennt. Weil es die Mitte ist, von der Jesus Christus her lebte. Wir sollten Zeichen setzen der Liebe, damit andere neugierig werden und sagen: hier fühle ich mich wohl, denn hier werde ich verstanden, ernst genommen und hier wird darüber gesprochen: wie können wir Menschen zum Nächsten werden.

* Vom Zentrum des christlichen Glaubens hörten wir heute, dem Doppelgebot der Liebe.

Gottes Wertmaßstäbe

Liebe Gemeinde,

dreimal ist es mir in den letzten Tagen passiert: drei völlig verschiedene, zufällige Eindrücke durch Medienberichte haben mich zum Nachdenken gebracht. Ganz unterschiedliche Eindrücke. Aber plötzlich bildeten sie einen Zusammenhang, ordneten sich irgendwie.

1. Im SPIEGEL las ich einen Bericht über Polizisten, die in Afghanistan Dienst getan haben. Freiwillig. In diesem vom Krieg gezeichneten Land. Und nach dem Dienstrecht ist es so üblich, dass man nach der Zeit der Abordnung für einen Auslandsdienst wieder zurückkehrt an seine alte Dienststelle. Das Besondere an dem Bericht war, dass es mittlerweile eine ganze Reihe von Polizisten gibt, die nach dem Dienst in Afghanistan ihren Dienst quittieren. Sie verlassen den gesicherten Beamtenstatus. Verzichten auf die materielle Sicherheit und die lebenslange Anstellung. Warum?
Man kann es so ausdrücken: Sie haben eine andere Welt kennen gelernt. Einen Kulturschock erfahren. Und jetzt findet sie sich nicht mehr zurecht in unserer Welt. In der alles geordnet, geregelt, durch Vorschriften kanalisiert, durch Hierarchien strukturiert ist. Sie haben sich dort in einem Entwicklungsland freier gefühlt. Haben auch viel direkter Anerkennung, Dank, kleine Gesten der Zuneigung erhalten: von Kindern, Frauen, Witwen, aber auch von Männern, die schätzen konnten, dass nach der Angst und dem Chaos des Krieges jetzt – zumindest in Kabul – so etwas wie eine relative Sicherheit das Leben erträglicher macht.
Aber dann war da ein Satz, der mich nicht mehr losgelassen hat. Ein junger Polizist aus unserem Bundesland sagte sinngemäß: „Wenn Du siehst, in welcher Armut, mit welchen körperlichen Kriegsschäden und unter welch schweren Bedingungen die Menschen dort leben und sie sind trotzdem freundlich, voller Hoffnung, und du musst dann in Esslingen auf dem Parkplatz zum Einsatz, weil sich jemand fürchterlich aufregt, weil der Spiegel seines Autos einen Kratzer bekommen hast – dann hältst du es nicht mehr aus.“
Ich habe mich gefreut, dass ein junger Mann über Wertmaßstäbe nachdenkt. Was ist wirklich wichtig? Eine zutiefst religiöse Frage. Eine Frage, die wir in unserer Tradition ständig wach halten, weil Jesus in seinen Gleichnissen uns genau diese Fragen immer wieder zumutet: Was ist wichtig?!. Wovon lasse ich mich in meinem Leben bestimmen? Aber auch: wie kommt es, dass eine Gesellschaft mit christlichem Erbe, also eine Gesellschaft, in der die Kultur des

Wachhaltens der Maßstäbe Gottes für diese Welt gelebt und tradiert wird, sich so ganz anders entwickelt hat, dass Banalitäten zu Dramen werden können?
Jesus hätte vielleicht zu dem jungen Polizisten, der seinen Dienst quittierte, gesagt: Du bist nicht fern vom Reich Gottes.

2. In der Frankfurter Rundschau war ein ausführlicher Bericht über die Internationale Automobilausstellung. Kein Wunder für eine Zeitung aus der Stadt, in der die IAA stattfindet. In dem Bericht wurden die neueste 300 PS - starken VW, Porsche und Daimler-Chrysler – Modelle beschrieben, auch technische Neuerungen wie die Russfilter in französischen Mittelklassewagen. Es wurde sehr anschaulich der Aufwand betrieben, mit dem die großen Autohersteller ihre Stände auf der Ausstellung betreiben: Spektakuläre Auftritte von Stars wie Kami Räikkönen, Claudia Schiffer, natürlich auch Gerhard Schröder wurden anschaulich geschildert, von hausgroßen Videowänden, lautstarken Liveauftritten von Rockbands, von vielen Menschen, großem Gedränge, von Hektik und Lärm aus riesigen Boxen war die Rede.
Und dann kam da in dem fünfspaltigen Bericht ein Schlussabschnitt – ich hätte ihn schon fast überlesen, weil es schon zu viel an Informationen gab -, der begann mit den Worten: Der schönste Stand unter allem ist der, den die Evangelische Kirche von Hessen aufgebaut hatte: es war einfach ein stiller Raum mit Kerzen. Nichts war in dem Raum, nur Stille und Kerzen und Schweigen der Menschen. Wenn man von all dem Lärm, dem Gedränge, dem Glanz und Glitzer, den Farbprospekten und dem Chrom die Nase voll hat, dann ist das der richtige Ort, wo man sich wirklich wohl fühlen kann.
Ich war irritiert. Hatte sich hier ein epd-Reporter in der Autobranche verirrt? Oder wollt jemand die Kirche auf den Arm nehmen. [So wie es ja jetzt die Württembergische Landeskirche tut, die auf einen ihrer großen Lkw´s die Aufschrift angebracht hat: Wenn Sie diesen Laster überholen, können Sie zur Recht sagen, die Kirche sei überholt (ich habe ihn schon dreimal überholt)]? Nein, es war offenbar ein seriöser Branchenkenner, und dieser Schlussabschnitt war authentisch.
Er hat nicht gesagt: ich habe da gebetet, oder ich habe meditiert. Er hat nur geschrieben: die Stille hat wohlgetan.
Ist das nicht ein wunderbarer Dienst, den Kirche an Menschen tun kann: einfach Räume zu bieten, in denen man zur Ruhe kommen kann. Zugleich auch hier wieder: angesichts der Maßstäbe, die Welt (und insbesondere die Autowelt) setzt, sollten wir selbstbewusst als Kirche an unseren Maßstäben festhalten. Und auch ein schlichtes Angebot – eine offen Kirche, ein

Raum der Stille – bietet die Chance, dass Menschen durch das Angebot selbst entdecken, was ihnen gut tut.

3. An einem späten Abend (so gegen halb zwölf) zappe ich durch das Fernsehprogramm und bleibe bei einem Gesicht hängen. Dem Gesicht einer Frau. Dem Gesicht von Vera Bohle. Sie ist 34 Jahre alt, blond, 1,84 m groß. Sie ist die einzige Minenräumerin Deutschlands, die im Auftrag der UNO in Afghanistan Minen entschärft. Der 30 minütige Film zeigt Bilder von beklemmender Eindringlichkeit. Bilder von Minenfeldern, durch die Vera Bohle hindurchgeht, jeden einzelnen Schritt genau kontrollierend. Beeindruckend war diese Selbstkontrolle und die Konzentration, mit der sie – buchstäblich – jeden Schritt genauestens überlegt, prüft, den Blick unablässig zu Boden gerichtet, jede Kleinigkeit beachtend. Im Interview sagte sie dann: In diesem Augenblick darfst du an nichts anderes denken. Es ist ganz unwichtig, was du gerade fühlst, wie es dir geht, wenn du durch einen Minenfeld gehst darfst du dich auf nichts anderes konzentrieren als auf den nächsten Schritt. Und wenn sie eine Mine aufgespürt hat, dann beginnt der Teil, bei dem die Konzentration und Selbstkontrolle ins Unermessliche steigt, weil jede noch so kleine falsche Bewegung zu einer Detonation führen kann, bei der – und das ist dann noch ein Glücksfall - die Hände oder das Leben verloren gehen.

Dabei reflektiert sie genau, was sie tut. Sie verzweifelt nicht bei dem Gedanken, warum es Menschen gibt, die Minen werfen, einfach um größtmögliche Opfer zu produzieren; sie verzweifelt auch nicht beim Anblick der Menschen, Kinder vor allem, die Gliedmaßen verloren haben, sondern sie kümmert sich um sie ehrenamtlich in ihrer Freizeit. Sie weiß einfach, dass sie eine wichtige und ethisch verantwortbare Tätigkeit tut: Sie hilft, weitere Opfer zu verhindern. Dafür riskiert sie ihr Leben, obwohl sie es nicht opfern möchte. Darum braucht sie dieses hohe Maß an Selbstkontrolle, Konzentrationsfähigkeit, behutsamen Bewegungen – kurz eine hervorragende Professionalität.

Abgesehen davon, dass es eine interessante Persönlichkeit war, die hier im Film zu Wort kam und der man bei der Arbeit zuschaute und dabei um sie bangte, abgesehen davon, dass ich mir ein so hohes Maß an Professionalität auch in der Kirche wünschen würde, das Überraschendste war für mich, dass mir plötzlich das Wort Jesu einfiel: Wer seine Hand an den Pflug legt und blickt zurück, der ist nicht geschickt für das Reich Gottes.

Nicht das Sich-Beklagen über die Kirche, ihren schwindenden Einfluss, die sinkenden Finanzen, die einstündige Mehrarbeit pro Woche, die Unzufriedenheit mit der Rolle und vieles mehr, was man an Kritischem zu hören bekommt, sollte Menschen der Kirche auszeichnen, sondern die Konzentration im Hier und Jetzt auf die anstehende Arbeit – so wie der Landmann hinter dem Pflug, so wie die Minenräumerin in Afghanistan. Denn wir haben – wie sie – in der Kirche ethische verantwortbare Aufgaben und wir dienen Menschen.

Drei Eindrücke – und das Gefühl: eigentlich sind wir unendlich reich in der Kirche:
* Wir wissen um die Maßstäbe Gottes, die heilsam sind für uns Menschen und die Welt;
* wir können Räume bieten, in denen Menschen aufatmen
* und wir haben Aufgaben, die, wenn wir sie tun, Menschen zu gute kommen.
Und wir haben darüber hinaus noch zwei Schätze:
* eine Verheißung Gottes, die uns eine Zukunft schenkt weiter über unser Leben hinaus,
* und Jesus Christus, der mit uns geht und uns durch seine Gegenwart stärkt.

Lasst uns beten:

Himmlischer Vater,
wir bitten heute für die Menschen, die als Polizistinnen und Polizisten in vielen Kriegsgebieten der Erde Dienst tun, die dabei Gefährdung von Leib und Seele auf sich nehmen;
bewahre sie und behüte sie, wenn sie durch ihre Erfahrungen neue Entscheidungen für ihr Leben treffen;
wir bitten für die Menschen, die Minen räumen und dabei ihr Leben riskieren, um das Leben anderer sicherer zu machen,
behüte ihr Leben;
wir bitten für die Menschen, die Autos konstruieren, bauen, verkaufen und reparieren,
erhalte ihnen die Freiheit der Kritikfähigkeit und der Offenheit für andere Erfahrungsräume.
Amen.

Hier ist gut sein

Lukas 9,28-36

Und es begab sich, etwa acht Tage nach diesen Reden, dass er mit sich nahm Petrus, Johannes und Jakobus und ging auf einen Berg, um zu beten. Und als er betete, wurde das Aussehen seines Angesichts anders, und sein Gewand wurde weiß und glänzte.
Und siehe, zwei Männer redeten mit ihm; das waren Mose und Elia. Sie erschienen verklärt und redeten von seinem Ende, das er in Jerusalem erfüllen sollte.
Petrus aber und die bei ihm waren, waren voller Schlaf. Als sie aber aufwachten, sahen sie, wie er verklärt war, und die zwei Männer, die bei ihm standen.
Und es begab sich, als sie von ihm schieden, da sprach Petrus zu Jesus: Meister, hier ist für uns gut sein! lasst uns drei Hütten bauen, dir eine, Mose eine und Elia eine. Er wusste aber nicht, was er redete. Als er aber dies redete, kam eine Wolke und überschattete sie; und sie erschraken, als sie in die Wolke hineinkamen.
Und es geschah eine Stimme aus der Wolke, die sprach: Dieser ist mein auserwählter Sohn; den sollt ihr hören!
Und als die Stimme geschah, fanden sie Jesus allein. Und sie schwiegen davon und verkündeten in jenen Tagen niemandem, was sie gesehen hatten.

Liebe Gemeinde,

Evangelien sind nicht nur die Träger froher und freimachender Botschaften, Evangelien sind nicht nur auf vielfältige Weise Wort Gottes, sie sind auch meisterhafte Kunstwerke.
Kunstwerke weniger in literarischer Hinsicht, obwohl dies herauszuarbeiten Generationen von Theologen beschäftigt hat, sondern vor allem theologische Kunstwerke. Kunstwerke erschließen sich nur durch intensives Betrachten und durch Verstehen der Traditionen, in denen der Künstler steht. Evangelien erschließen sich nur durch intensives Betrachten und genaues Hinschauen auf die Texte und durch Verstehen der Traditionen, in denen der Evangelientext steht. Denn er arbeitet mit Bezugnahmen auf Traditionen, mit Anspielungen oder mit der Aufnahme von Bildern voll theologischer Bedeutung

Genau hinschauen - genau hinhören auf den Text, das ist ja eigentlich das Wesen der Predigt. Stellen wir uns dieser Aufgabe.

Drei Jünger nimmt Jesus mit sich. Eine Gruppe in der Gruppe der Jünger. Warum drei von 12? Ist das nicht ein Bevorzugung? Oder ein Modell von kommunikativ-demokratischer Leitungsorganisation? So dass Jesus schon zu Lebzeiten die Führung der Jünger nicht einer Autorität, sondern einem Gremium von Dreien anvertrauen wollte? Wir kennen die drei schon: Petrus, Jakobus und Johannes. Vom Garten Getsemane her. Wo sie schlafen, als Jesus mit Gott ringt. Und hier, bei diesem einmaligen Geschehen, schlafen sie auch. Das ist dem Evangelisten Lukas offenbar besonders wichtig: Die Jünger verschlafen das Wesentliche. Sie sind nicht wach genug, um wahrzunehmen, was geschieht.

Auf einen Berg führt Jesus sie. Um zu beten. Wie auch vor der Passion: Die Natur der Ort, wo er Gott besonders nah ist. Er betet mehr im Freien als in der Synagoge. Jeder, der wach hinhören kann, weiß jetzt schon: Hier geschieht eine Begegnung mit Gott.

Er wurde verklärt, heißt es weiter, vor ihnen. Ich habe früher immer Probleme mit diesem Wort gehabt. Verklärung. Verklärt schauen sich Verliebte an. Oder wenn jemand schwärmt von einem Filmstar oder Rockstar, dann kriegt der glänzende Augen. Aber das ist hier nicht gemeint. Verklärung meint vielmehr: hier wird etwas klar für die, die zusehen. Und die Aura dessen, der verklärt wird, wir sichtbar. Bei Lukas geschieht das zunächst ganz unspektakulär: "das Aussehen seines Angesichts wurde anders, und sein Gewand wurde weiß und glänzte". Weiß sind die Kleider der Märtyrer. Das wissen wir aus der Offenbarung des Johannes. Und es geht ja tatsächlich um die kommende Passion in Jerusalem.
Und da haben wir diese kunstvollen Verbindungen: hier wird eine Brücke geschlagen zwischen Jesus und Gott auf dem Hintergrund des Alten Testament; und zwischen Jesus und der Erhöhung zur Rechten Gottes als apokalyptische Hoffnung des Neuen Testaments. Die Bilder schaffen Bezüge, stellen Bindungen und Verbindungen her und entfalten dadurch eine Deutung der Person Jesu: Um ihn ist die Klarheit, das Licht - und damit das Leben - Gottes.
Und noch haben wir das Beziehungsgeflecht der Bilder noch gar nicht recht verarbeitet, schon wird ein neues hergestellt: zwischen Mose, Elija und Jesus.
Im Text wird gesagt, dass auch Mose und Elija verklärt erscheinen. D.h. auch sie sind beide besondere Menschen mit besonderer Nähe zu Gott. Auch sie sind Persönlichkeiten, die

Autorität und Religiosität ausgestrahlt haben. Menschen, die für andere zu Wegweisern wurden.
Es ist ja interessant: Wenn man ein wenig verfolgt hat, wie in den letzten Tagen der Heidelberger Philosoph Gadamer öffentlich geehrt wurde, und ihn dann selber gesehen hat: bescheiden, wach in seinem Denken auch im Alter von 100 Jahren, ohne Überheblichkeit, aber als einer, der auch jetzt noch etwas zu sagen hat, auf das zu hören sich lohnt: dann kann man ein wenig ahnen von dem, was die Wirkung eines Menschen auf andere ausmacht. Wirkung eines Menschen, der wegweisenden zu sagen hat. Gadamers Denken konzentrierte sich auf die Frage: Wie kann ich verstehen? Und diese Frage hat nicht nur die Psychologie, sondern auch die Theologie nachhaltig beeinflusst. Die Psychologie, die fragt, wie kann ich verstehen, was in einem Menschen vorgeht - gerade auch dann, wenn er es selbst nicht versteht. Die Theologie, die fragt, wie kann ich Gott verstehen. Wie kann ich die alten Texte der Bibel verstehen. Es ist eine elementare Frage, die auch unsere persönlichsten Beziehungen umtreibt: Wie kann ich dich verstehen - verstehst du mich?
Darum ist es bei aller Beschäftigung mit der Bibel von grundlegender Bedeutung, zu verstehen, was gesagt wird.

Mose, da erinnert sich jeder an die Begegnung mit Gott auf dem Berg Sinai, an die Zehn Gebote, an sein glänzendes Angesicht, das er mit einem Tuch verhüllen muss, damit es die Menschen nicht blendet. Mose, das meint auch Exodus, Befreiung aus der Sklaverei Ägyptens, meint Weg durch die Wüste, Führung und Bewahrung. Mose meint vor allem aber auch Tora. Er ist der Übermittler der Tora, der Weisung Gottes zum Leben. Wenn er erscheint und da ist neben Jesus, dann meint das: Jesus steht in einer Linie mit Mose als Retter, Befreier und als Künder der Willens Gottes.
Elija, da erinnert man sich vielleicht an die Begegnung mit Gott auf dem Berg Horeb, wo Gott im nicht in Sturm und Erdbeben, nicht im Feuer, sondern im *demama daqa*, im gefüllten Schweigen begegnet; Elija ist auch der Prophet, der am Ende der Zeit wiederkommen soll, wie es Maleachi verkündet hat. Wenn er erscheint und da ist neben Jesus, dann meint das: Jesus steht in einer Linie mit Elija als Prophet, dem die Alleinverehrung Gottes Zentrum seines Lebens war, Jesus ist der, der Gott allein verehrt, aber auch der, in dem sich die Verheißung erfüllt, das der Messias kommt.
Und während diese dramatische Begegnung geschieht - schlafen die Jünger. sie sehen erst beim Aufwachen, dass da etwas Besonderes passiert. Es sind schöne Augenzeugen, die Jünger.

Fast so, als wolle Petrus das verpasste festhalten, schlägt er vor: "Meister, hier ist gut sein!" Petrus hat zumindest dies erkannt, dass es um ein heilvolles Geschehen geht. Und in seiner praktischen Art macht er den Vorschlag, Hütten zu bauen. Er will den Augenblick festhalten. Oder er will den Ort, an dem Heiliges geschieht, zu einem Ort dauernder Residenz machen. So wie später immer da Kirchen gebaut wurden, wo der Tradition nach etwa Heiliges passiert sein soll oder geschehen ist. Zugleich enthüllt aber die Rede des Petrus ein Geheimnis: Er ordnet Mose und Elija und Jesus gleich. Für alle drei je eine Hütte.

Und wieder geschieht auf kunstvolle Weise ein Neues. Petrus wird indirekt kritisiert. Indirekt deshalb, weil eine lichte Wolke auch die Jünger mit überstrahlt. Und - hier sehen wir die sprachliche Kunst: die lichte Wolke überschattet sie. Das ist wie ein Paradox. Entweder es ist Licht oder es ist Schatten. Aber eben beides ist da, in der Art, wie Petrus, wie er als Stellvertreter für uns, Dinge wahrnimmt. Plötzlich sind alle in der Helligkeit. Jesus und die Jünger. Sie haben Anteil am Heiligen. Und doch geschieht eine indirekte Korrektur, eine Klarstellung. Durch eine himmlische Stimme, also durch Gott selbst. ER ordnet Jesus dem Mose und dem Elija vor. Er wiederholt noch einmal die Worte der Taufe. Hier wird also die Deutung der Person Jesu als geliebter Sohn Gottes durch die Taufe, noch einmal bekräftigt. Und noch einmal folgt eine Klarstellung, eine Klärung: die bei der Taufe gesagten Worte: "Dies ist mein auserwählter Sohn" wird erweitert um vier Worte: "den sollt ihr hören!" Das ist die Klarstellung. Das, was bei der Taufe geschah, war nicht ein Geschehen zwischen Gott und Jesus, sondern ist ein Geschehen zwischen Gott und uns. Ihn sollen wir hören. Das ist die Botschaft an die Jünger und damit stellvertretend an uns. Auf Jesus hören, heißt hören, was Gottes Wille für die Welt, was Gottes gute Weisung für uns ist: seine Liebe zu uns leben. Miteinander. Untereinander. In der Art, wie wir miteinander leben.

Warum schweigen die Jünger?

Vielleicht, weil sie ausgelacht werden, wenn sie sagen: ja, eigentlich haben wir ja das Entscheidende verschlafen, aber dann haben wir doch Gottes Stimme gehört?

Oder weil ihnen unheimlich war?

Oder weil hier schon angedeutet war, dass es auch um die Passion Jesu in Jerusalem geht - und das ist ihnen unheimlich, macht ihnen Angst oder macht sie ratlos. Vielleicht müssen sie auch erst das wirklich üben, was ihnen gerade aufgetragen ist: hört auf ihn.

Ja, und da sind sie dann allein mit Jesus. Jetzt haben die Jünger wenigstens noch die Chance, auf ihn direkt zu hören - und wir haben die Chance, durch das Kunstwerk des Evangeliums dieses Hören miteinander einzuüben.

Himmlische Ökonomie

Jesus und das Geld – Zur Frage der Ökonomie

Liebe Gemeinde,

angesichts der weltweiten Finanzkrise und der Bereitstellung von riesigen Summen von Geld, um durch Fehlspekulationen in die Zahlungsunfähigkeit geratenen Banken zu stützen, möchte ich daran erinnern, dass die Frage des Umgangs mit Geld ein zentrales Thema in der Verkündigung und im Leben Jesu war. Anhand einiger ausgewählter Texte möchte ich das Thema „Jesus und das Geld“ zum Predigtthema machen.

Ich beginne mit dem ältesten Evangelium. Das erste Mal von Geld redet das Markusevangelium (Mk 6,7-12 // Mt 10,7-14 // Lk 9,1-6) im Zusammenhang mit der Aussendung der Jünger durch Jesus. Sie erhalten Vollmacht über die unreinen Geister und werden dann auf die Reise geschickt. Auf eine Reise ohne jede materielle Absicherung. Nur einen Stock dürfen sie mitnehmen, keinen Proviant, keine Tasche mit Sachen, keine Münzen - nur ein Gewand und nur Sandalen an den Füßen. Dabei gibt es interessante Varianten: Matthäus ist radikaler: er streicht auch die Sandalen und den Stock; Lukas erwähnt die Sandalen nicht. Markus spricht von Kupfermünzen, die sie nicht mitführen sollen. Das zeigt, dass seine Perspektive die von unten ist: die Massen Palästinas kennen kein Silber oder Gold in ihren Geldbeuteln, höchstens ein paar Kupfermünzen.

Die exegetische Forschung der letzten Jahrzehnte hat gelehrt, dass sich in diesem Text die Praxis der ganz frühen Jesusbewegung widerspiegelt: Sie sind Wanderradikale, die mittellos sind und bleiben wollen, die von Ort zu Ort ziehen. Ernährt und versorgt werden sie von Sympathisanten, die sie in ihre Häuser einladen und ernähren. Das Modell funktioniert also nur auf dem Hintergrund einer gleichzeitig bestehenden ökonomischen Infrastruktur, die soviel Mittel und Ressourcen bereit hält, dass auch unproduktive religiöse Gruppen mit ernährt werden können. Nach dem Selbstverständnis dieser Wanderradikalen ist Besitz, vor allem Besitz von Geld, und Arbeit für das Reich Gottes, nicht miteinander vereinbar. Ihre Dienste der Verkündigung und Heilung, der Geisteraustreibung, werden dadurch vergolten, dass sie ernährt werden - mehr bedürfen sie nicht. Diese Haltung hat auch ein Element der

Verweigerung: sie lassen sich nicht einbinden in den Alltag der ökonomischen Prozesse, nehmen sozusagen nur vermittelt an ihnen teil. Aber sie verstehen sich offenbar als Arbeiter ("Denn der Arbeiter ist würdig seiner Nahrung", Mt 10,9). Die kritische Haltung zum Besitz von Geld, die die Wanderradikalen u.a. charakterisiert, ist nach ihrem Selbstverständnis Umsetzung des Willens Jesu. Sie berufen sich auf einen an sie von ihm ergangenen Auftrag. Damit sagen sie: das entspricht der Praxis Jesu.

Wenden wir uns der Praxis Jesu zu. Bei seinem Einzug in Jerusalem, begleitet von einer Menschenmenge, die ihm zujubelt, wirft er die Verkäufer und Käufer, die Geldwechsler und Taubenhändler aus dem Tempel. Die Käufer und Verkäufer bezeugen, dass der Tempel durch die Herrschenden zu einem Zentrum des Kommerz geworden war. Dass daneben Taubenhändler und Geldwechsler besonders genannt werden, hat eine tiefe Bedeutung. Die Taube ist das Schuld- und Sühneopfertier der Armen. Nach den Bestimmungen des Buches Levitikus müssen bei der Auslosung der Erstgeburt Schafe oder Ziegen geopfert werden. Wer das nicht aufbringen kann, der darf stattdessen Tauben opfern. Wenn hier nur die Taubenhändler genannt werden, dann heißt dies, dass sie besonders zahlreich waren, Und das heißt, dass die meisten Tempelbesucher arm waren. Indirekt erfahren wir hier etwas über die weitverbreitete Armut in Palästina zur Zeit Jesu. Und die Händler machen mit der Armut noch Geschäfte. Wenn Jesus sagt: Mein Haus soll ein Bethaus sein - dann legt er damit die Axt an den Opferkult. Denn er sagt: die Armen müssen nicht Tauben kaufen, sondern sollen ohne Geld beten können.

Und die Geldwechsler?. Wissen Sie, was Geldwechsler im Tempel tun? Das sind nicht die, die die hundert Dollar-Scheine in Schekel tauschen, sondern die, die römischen und griechischen Münzen, also die Münzen der Herren, in „kultisch reines Geld", also althebräische Münzen tauschen, die als koscher galten. Und bei diesem Tauschen nehmen sie einen Aufschlag. D.h. sie machen die Armen zu doppelten Opfern: sie dürfen das mühsam abgesparte Geld nicht in den Tempel bringen, weil es unrein ist, müssen es tauschen, verlieren dabei bereits von ihrem Geld, und dürfen es dann als Tempelsteuer errichten bzw. als Tempelopfer in die Geldkästen werfen. Und der Wechsler verdient daran - und die Tempelherrn, die Priester, verdienen daran: Ihr habt eine Räuberhöhle aus dem Tempel gemacht! Jesus trifft mit seiner Aktion also das raffinierte System der Tempelorganisation an seinem empfindlichsten Nerv, am Geld und am Profit.

Noch einen anderen Nerv trifft Jesus.

Markus 12,14 Und sie kamen und sprachen zu ihm: Meister, wir wissen, dass du wahrhaftig bist und fragst nach niemand; denn du achtest nicht das Ansehen der Menschen, sondern du lehrst den Weg Gottes recht. Ist's recht, dass man dem Kaiser Steuern zahlt oder nicht? Sollen wir sie zahlen oder nicht zahlen? 15 Er aber merkte ihre Heuchelei und sprach zu ihnen: Was versucht ihr mich? Bringt mir einen Silbergroschen, dass ich ihn sehe! 16 Und sie brachten einen. Da sprach er: Wessen Bild und Aufschrift ist das? Sie sprachen zu ihm: Des Kaisers. 17 Da sprach Jesus zu ihnen: So gebt dem Kaiser, was des Kaisers ist, und Gott, was Gottes ist! Und sie wunderten sich über ihn.

Hier, an der Steuerfrage, entbrannte einer der Streitpunkte der galiläischen Widerständler gegen die römische Herrschaft. Soll man zu einem Steuerboykott aufrufen? Zeigt sich jüdische Identität nicht gerade daran, zeigt sich kollektiver Widerstand nicht am besten darin, dass man dem Kaiser keine Abgaben mehr errichtet? Dann trifft man das römische Imperium an seinem Lebensnerv: dem Geldfluss aus den Provinzen in die Metropolen. Auch für Jesus und seine Bewegung stellte sich offenbar die Frage, wie man sich hier verhalten sollte. Daraus bauen die Pharisäer und die Anhänger des Herodes, des Kaisergünstlings, eine Falle. Sie fragen Jesus direkt: " Ist's recht, dass man dem Kaiser Steuern zahlt oder nicht? Sollen wir sie zahlen oder nicht zahlen?" (Mk 12,14) Das ist die Gretchenfrage.

Die Haltung Jesu ist eine Gratwanderung. Gratwanderung zwischen realer Einschätzung der politischen Situation und der Konsequenz in der eigenen Haltung. Jesus markiert sehr präzise das äußerste an Loyalität, das einem Christen gegenüber dem Staat möglich ist. Seine Haltung besagt. Es wäre verantwortungslos, die Gemeinde in einen aussichtslosen Kampf gegen die römische Übermacht zu schicken. Die Grenze der Loyalität gegenüber dem römischen Staat liegt dort, wo er religiöse Forderungen stellt. Wo er verlangt, was nur Gott zusteht: z. B. Teilnahme am Kaiserkult. Das, was allein Gott zusteht, darf allein ihm gegeben werden. Darum lässt Jesus sich einen Denar zeigen – er selbst besitzt offenbar keinen -, auf dem, als gängige römische Silbermünze, ein Kaiserkopf eingraviert war. Dies hat der Kaiser ausweislich seines Kopfs ausgegeben, das kann man ihm wieder zurückgeben. Aber was der Kaiser an religiöser Unterwerfung verlangt, dass darf kein Christ mitmachen: Gebt Gott, was Gott gehört! Man muss das zugleich so lesen: gebt das, was Gott gehört, nicht dem Kaiser. Verweigert euch bei jeder Form der Teilhabe an den religiösen Forderungen dieses heidnischen Machthabers - da ist die Bruchstelle! Begebt euch aber nicht in einen aussichtslosen Kampf um die Machtfrage auf ökonomischem Gebiet: sie ist aussichtslos.

Trotz der Radikalität, mit der die frühen Wanderchristen das Ideal der Geldlosigkeit praktiziert haben, zieht sich eine interessante Spannung durch die Jesusüberlieferung, wenn es um den ganz privaten Umgang mit Geld geht. Auf der einen Seite zeigt Jesus dem reichen Jungen Mann, der ihn nach dem rechten Weg, der Halacha, fragt, dass es nicht allein genügt, die 10 Worte des Willens Gottes zu praktizieren, sondern dass entscheidend ist, auf Besitz zu verzichten, diesen zu verteilen unter die Armen, um so ein deutliches Zeichen der Solidarität mit den Armen zu setzen und eine Alternative zu gehen zum Weg der real waltenden Ökonomie und der hinter ihr stehenden Interessen. Andererseits aber ergreift er Partei für die Frau, die ihn mit kostbarem Salböl salbt (Mk 14,3-9). Dreihundert Denare hätte man statt für den Luxuskonsum für die Armen geben können, argumentieren die Jünger, ganz auf der Linie der Argumentation Jesu gegenüber dem reichen jungen Mann! Das würde reichen, wenn man von 1 Denar als Existenzminimum ausgeht, dass ein Bettler fast ein Jahr, 300 Tage, davon leben konnte, oder 3 Leute hundert Tage oder 100 Leute ein Tag. Ich verstehe Jesus so, dass er kein moralistischer Purist ist, sondern ein sensibles Einfühlungsvermögen in spezifische Situationen besitzt. Für die Frau ist es eine Form, in der sie ihre Dankbarkeit und Liebe zeigt. Das ist ihre Sprache. Ihre Möglichkeit, auszudrücken, was sie zeigen möchte. Diese Beziehungsebene ignoriert der Moralismus. Er setzt an die Stelle des Nachfühlens dessen, was die Frau bewegt, die Ablehnung. Er würde ihr damit genau so begegnen, wie ihr die Männer bisher begegnet sind: mit Ablehnung. Das aber durchbricht er, macht damit zugleich deutlich, dass ökonomisches Denken nicht in die Beziehungsebene eindringen darf. Interessant ist, dass Johannes den Protest von Judas gesprochen sein lässt und ihn zugleich als Dieb charakterisiert, der an einer vollen Armenkasse interessiert ist - zum eigenen Vorteil.

Als Jesus von einer 5000köpfigen Menschenmenge begleitet wird, die am Abend hungrig wird, sorgen sich die Jünger, wie sich die Menge versorgen kann. Sie stellen Jesus die Frage, jedenfalls in der Fassung bei Markus und Johannes: "Sollen wir fortgehen, für zweihundert Denare Brote kaufen und ihnen zu essen geben?" Ich lese das entweder so, dass die Jünger insgesamt über 200 Denare verfügen - das würde dann für 200 Leute für eine Tagesration reichen, oder so, dass 5000 Brotfladen 200 Denare kosten. 200/5000, das wären dann 0.04 Denar pro Fladen, das wären dann 2 Assaria pro Fladen. Diese ökonomische Ebene dient hier dem Kontrast: die Jünger denken in Geldkategorien, Jesus denkt in der Kategorie des Teilens. Das Wunder besteht darin, dass die Menge real erfährt, dass für alle genug da ist, wenn alles solidarisch geteilt wird. Ja, dass dann sogar ein Überschuss entsteht. Das Wunder besteht darin, dass Menschen wirklich teilen und dass sie dabei die Erfahrung machen, dass für alle ausreichend da ist. Damit wird die Grundstruktur der damaligen gesellschaftlich vermittelten Realität: du musst für dich sorgen; wenn du etwas abgibst, verlierst du; wenn du teilst, wirst du nicht satt, durchbrochen und durch eine neue Realität ersetzt.

In Matthäus 10, 28-31 lesen wir: „*Kauft man nicht zwei Sperlinge für einen Groschen? Dennoch fällt keiner von ihnen auf die Erde ohne euren Vater. Nun aber sind auch eure Haare auf dem Haupt alle gezählt. Darum fürchtet euch nicht; ihr seid besser als viele Sperlinge.*

Jesus stellt einen Kontrast her zwischen dem Marktwert eines Spatzen mit dem Wert eines Menschen. Die Botschaft ist: ihr seid mehr wert als viele Spatzen. Damit wird die weltliche ökonomische Wertskala mit einer göttlichen ökonomischen Wertskala kontrastiert: Gottes Ökonomie kennt andere Berechnungskategorien als ökonomische!
Dem bisher Gesagten scheint das Gleichnis von dem anvertrauten Geldvermögen zu widersprechen

Matthäus 25,14-28 Denn es (gemeint ist das Reich Gottes) ist wie mit einem Menschen, der außer Landes ging: er rief seine Knechte und vertraute ihnen sein Vermögen an; dem einen gab er fünf Zentner Silber, dem andern zwei, dem dritten einen, jedem nach seiner Tüchtigkeit, und zog fort. Sogleich ging der hin, der fünf Zentner empfangen hatte, und handelte mit ihnen und gewann weitere fünf dazu. Ebenso gewann der, der zwei Zentner empfangen hatte, zwei weitere dazu. Der aber einen empfangen hatte, ging hin, grub ein Loch in die Erde und verbarg das Geld seines Herrn. Nach langer Zeit kam der Herr dieser Knechte und forderte Rechenschaft von ihnen. Da trat herzu, der fünf Zentner empfangen hatte, und legte weitere fünf Zentner dazu und sprach: Herr, du hast mir fünf Zentner anvertraut; siehe da, ich habe damit weitere fünf Zentner gewonnen. Da sprach sein Herr zu ihm: Recht so, du tüchtiger und treuer Knecht, du bist über wenigem treu gewesen, ich will dich über viel setzen; geh hinein zu deines Herrn Freude! Da trat auch herzu, der zwei Zentner empfangen hatte, und sprach: Herr, du hast mir zwei Zentner anvertraut; siehe da, ich habe damit zwei weitere gewonnen. Sein Herr sprach zu ihm: Recht so, du tüchtiger und treuer Knecht, du bist über wenigem treu gewesen, ich will dich über viel setzen; geh hinein zu deines Herrn Freude! Da trat auch herzu, der einen Zentner empfangen hatte, und sprach: Herr, ich wusste, dass du ein harter Mann bist: du erntest, wo du nicht gesät hast, und sammelst ein, wo du nicht ausgestreut hast; und ich fürchtete mich, ging hin und verbarg deinen Zentner in der Erde. Siehe, da hast du das Deine. Sein Herr aber antwortete und sprach zu ihm: Du böser und fauler Knecht! Wußtest du, dass ich ernte, wo ich nicht gesät habe, und einsammle, wo ich nicht ausgestreut habe? Dann hättest du mein Geld zu den Wechslern bringen sollen, und wenn ich gekommen wäre, hätte ich das Meine wiederbekommen mit Zinsen. Darum nehmt ihm den Zentner ab und gebt ihn dem, der zehn Zentner hat.

Der Kapitalist verlangt, das sich sein Geld vermehrt. Und er will den Mehrwert haben. Wie ist das Gleichnis zu verstehen? Als Aufforderung Jesu, sein Geld gewinnbringend anzulegen? So liest man es ja gern im Mittelstand: Jesus als Anlagenberater, wobei der erfolgreichste Banker auch im Himmel das Lob Gottes erfährt?

Wer dieses Gleichnisse bisher so gelesen hat - oder mit Bauchschmerzen verdrängt -, der lese das Buch von Tim Schramm und Kathrin Löwenstein: Unmoralische Helden, Anstößige Gleichnisse Jesu, Göttingen 1986. Die beiden zeigen überzeugend, dass Jesus häufig mit dem Mittel des Anstößigen arbeitet: er wählt negative Helden, ja sogar kriminelle, um seine Zuhörer aufzurütteln. Auf diesem Hintergrund muss man dieses Gleichnis lesen: seht, so laufen die Mechanismen in der Welt ab. Kapitalgeber wollen Profit. Und da sind sie harte Herren. Schau man genau in den Zusammenhang, in dem das Gleichnis steht, dann geht es um das Kommen des Reiches Gottes. Es geht um das Thema "Wachsamkeit". Es geht darum, dass bis zum Eintreffen des Reiches Gottes die Zeit intensiv genutzt wird. Dabei kontrastiert Jesus weltliche und himmlische Ökonomie. Die Gesetze des Börsenmarktes, die alle Menschen unhinterfragt zu akzeptieren bereit sind, zwingen jeden Anleger, Rechenschaft abzulegen. Die Gesetze der himmlischen Ökonomie, die kein Mensch unhinterfragt zu akzeptieren bereit sind, nötig, Rechenschaft abzulegen. Die weltliche Ökonomie fragt nach dem Profit, dem Gewinn, dem *Shareholder value*. Die himmlische Ökonomie fragt nach dem Profit an Solidarität an Taten der Nächstenliebe, an Teilen und an Gerechtigkeit. Das macht ja die Qualität des Reiches Gottes aus. Und es gilt, die Zeit dahin schon zu nutzen, sich auf diese neue Qualität vorzubereiten mit der eigenen Praxis. Die erfolgreichen Manager, die sich um den irdischen Profit kümmern werden so zu „negativen Helden“, die uns wachrütteln sollen, damit wir dereinst Rechenschaft ablegen vor unserem himmlischen Vater.

Er, der weder zum Steuerboykott noch zum Tempelsteuerboykott aufgerufen hat, der aber die Legitimation von Steuern und Tempelsteuern kritisch hinterfragt wird, wird vor Pilatus angeklagt, er habe zum Steuerboykott aufgerufen (Lk 23,1-4). Indem er die Gesellschaft analysiert

- und durchschaut - wird er von den Herrschenden als Gefahr für die Gesellschaft verstanden. Wie dünn muss die Legitimation der Herren gewesen sein, dass schon die kritische Frage eines Rabbis das ganze Gebäude ins Wanken brachte, die Herren in Angst und Schrecken versetzte! Wie viel Angst müssen sie gehabt haben, dass sie nicht anders reagieren konnten als mit Ausrottung des kritischen Unruhestifters.
Aber gerade diesen Unruhestifter hat Gott als seinen Sohn gesandt – damit wir wissen, wie die himmlische Ökonomie funktioniert und damit wir hingehen und unser Herz nicht an gefährdete und vergängliche Güter hängen und unser Vertrauen allein auf den, der uns das Leben schenkt.

Markus 12,41-44 Und Jesus setzte sich dem Gotteskasten gegenüber und sah zu, wie das Volk Geld einlegte in den Gotteskasten. Und viele Reiche legten viel ein. Und es kam eine arme Witwe und legte zwei Scherflein ein; das macht zusammen einen Pfennig. Und er rief seine Jünger zu sich und sprach zu ihnen: Wahrlich, ich sage euch: Diese arme Witwe hat mehr in den Gotteskasten gelegt als alle, die etwas eingelegt haben. Denn sie haben alle etwas von ihrem Überfluss eingelegt; diese aber hat von ihrer Armut ihre ganze Habe eingelegt, alles, was sie zum Leben hatte.

Wir starren auf das Kirchensteueraufkommen; unsere Gemeinden starren auf die Höhe der sonntäglichen Kollekte; Brot für die Welt starrt auf die jährlichen Spenden - Jesus blickt nicht auf die Höhe der Spende, sondern auf die soziale Realität hinter der Spende. Sein Blick geht auf die Armut der Frau und er lenkt den Blick der Jünger auf die Armut der Frau.

Zu Mt 6,24 // Lk 16,13: dem Mammon
Lukas 16,13 Kein Knecht kann zwei Herren dienen; entweder er wird den einen hassen und den andern lieben, oder er wird an dem einen hängen und den andern verachten. Ihr könnt nicht Gott dienen und dem Mammon.

"Der Begriff >>Mammon<<, ist das aram. Wort für Besitz, Vermögen (an Geld, Grundbesitz, Sklaven), Reichtum. Die Tätigkeit der Reichen stellt man sich vor als Schätze sammeln und dem Mammon dienen. Lk 12,16-21, die Geschichte vom reichen Kornbauer, ist zweifellos eine sachgerechte Illustration dafür. Getreide horten oder auch Kästen mit Gold, Silber und feinen Kleidern füllen, ist in der Tat ein Zeichen für eine besondere „Vor"-Liebe. Dieses Leben darf man nach Meinung der Jesusboten nicht führen. Die Ablehnung des Reichseins ist scharf. ... Beide Logien ... formulieren eine Grundsatzerklärung, nach der die Reichen, solange sie reich sind, auf der falschen Seite stehen. Dass damit der Sinn dieser Logien getroffen ist, zeigen die Begründungen.

Reichtum ist ein Herr über die Reichen, wie ein >>kyrios<< über einen Sklaven. Der Mensch ist vom Besitz abhängig, total abhängig. ... Die Abhängigkeit vom Besitz ist die einer Bindung des Herzens ... (dabei) muss die soziale Bindung mit der emotionalen Bindung zusammen gesehen werden. Darum sind Gott und Besitz eine unüberbrückbare Alternative. Der Besitz ist wie ein Gott. ... Hier steht die Herrschaft des Besitzes über den Menschen im Mittelpunkt. Entsprechend wird nicht die eschatologische Konsequenz, sondern die Entfernung der Reichen von Gott sehr dezidiert herausgestellt ... Gott herrscht - oder der Mammon. Damit wird die Situation der Reichen theologisch schärfer durchdacht.

Man sollte sich den Zugang zu diesem Denken nicht verbauen, indem man sagt: Die Reichen müssen doch auch Gotteskinder sein dürfen. Wenn ein Reicher die Wahrheit dieser Logien akzeptiert hätte und daraus Konsequenzen gezogen hätte, wäre er eben auch nicht mehr reich gewesen."[3]

Dieses Zitat möge am Ende dieses Blicks Jesu auf Geld und –wirtschaft stehen. Ja, der Umgang mit Geld ist eine zutiefst religiöse Frage.

[3] L.Schottroff/ W.Stegemann, Jesus von Nazareth, Hoffnung der Armen, Stuttgart - Berlin - Köln - Mainz, 1978, 71-72

Kindergröße

Lukas 22,24-27 / Matthäus 18,1-5

Liebe Gemeinde,

Streit - ein alltägliches Geschehen. Streit unter Schülern, Streit unter Geschwistern, Streit unter Eheleuten, Streit in der Familie, Streit am Arbeitsplatz, Streit im Verein, Streit im Gemeinderat, Streit im Bundestag - einen Teil unserer Lebens verbringen wir mit Schlafen und Essen, einen anderen mit Streiten. Schlagen Sie einmal die Zeitung auf und lesen Sie die Meldungen einmal nur unter der Frage: wo wird über Streit berichtet. Sie werden erstaunt sein, wie viel gestritten wird. Streit hat etwas zu tun mit Sich-Behaupten-Wollen, mit Rechthaben, aber auch mit Durchsetzung und Überlegenheit. Es geht um Selbstbestätigung des Ichs, um Recht und Macht, um Einfluss und Überlegenheit.
Oft ist ein Streit ein ringen um die richtige Entscheidung, dann ist Streiten wohl nötig und unvermeidlich, aber manchmal geht es auch nur um Rechthabenwollen. Dem anderen zeigen, dass man überlegen ist. Dann wird oft schnell aus dem Streiten ein großer Streit - oder gar eine Tätlichkeit. Auch davon berichten unsere Zeitungen ja Tag für Tag. Streit, der handgreiflich wird. Bei dem es um den Einsatz von Körperkraft geht.
Denken Sie einmal an ihren letzten Streit - und worum es Ihnen dabei ging. Was sie dabei erreichen wollten? Und was haben Sie erreicht?
Unsere beiden Predigttexte führen uns in einen solchen Streit. Einen Streit unter den Jüngern Jesu. Ja, es gab nicht nur in den frühen urchristlichen Gemeinden Streit, wie wir von dem Apostel Paulus wissen, es gab auch schon zu Lebzeiten Jesus Streit unter den Jüngern.
Darum möchte ich heute gleich über zwei Predigttexte predigen, die beiden von einem Streit handeln. Zwei Texte, die man normalerweise nicht nebeneinander zu hören bekommt, weil sie bei zwei Evangelisten stehen. Und normalerweise kommt immer nur einer zu Wort. Aber beide verbindet ein gemeinsames Problem. Hören wir den ersten der beiden Texte:

Lukas 2,24-27: Es erhob sich auch ein Streit unter ihnen, wer von ihnen als der Größte gelten solle. Er aber sprach zu ihnen: Die Könige herrschen über ihre Völker, und ihre Machthaber lassen sich Wohltäter nennen. Ihr aber nicht so! Sondern der Größte unter euch soll sein wie der Jüngste, und der Vornehmste wie ein Diener. Denn wer ist größer: der zu Tisch sitzt oder der dient? Ist's nicht der, der zu Tisch sitzt? Ich aber bin unter euch wie ein Diener.

Die Erzählung vom Streit der Jünger ist so durch und durch menschlich. Da geht es um den Wunsch, die ersten, die größten, die einflussreichsten, die bedeutendsten zu sein. Unser ganzes Leistungssportsystem lebt davon, dass es Gewinner und Verlierer gibt. Die, die ganz oben auf dem Treppchen stehen, und die anderen. Es zählt fast nur noch, wer der Erste ist, im Weltcup, in der Bundesliga, beim Formel-I-Rennen. Aber es geht hier nicht nur um Leistung im vergleich zu anderen, es geht um Macht und Einfluss. Denn Jesus versteht den Streit der Jünger gleich als Machtfrage. Wer ist der größte, heißt doch: wer hat mehr zu sagen. Kurz, die Jünger sind ganz normale Menschen. Wie wir auch.

Jesus geht auf diese Machtfrage auf überraschende Weise ein. Er verweist auf die große Politik: "Die Könige herrschen über ihre Völker, und ihre Machthaber lassen sich Wohltäter nennen." Damit charakterisiert er auf eine ganz gewagte Art die Herrschaft der Herren dieser Welt. Sie herrschen und sie lassen sich Wohltäter nennen. Macht und Propaganda ist es, was er damit meint. Macht im Sinne von Befehlsgewalt, Gesetzgebungsgewalt, Polizei- und Militärgewalt - das steckt hinter dem Wort herrschen - und Propaganda, die verschleiert. Sie lassen sich Wohltäter nennen, d.h. doch, sie tun so, als wäre das Herrschen eine Wohltat für die Untertanen. Nach dem Motto: Wir tun alles zum Wohl des Volkes. Macht umgibt sich mit dem Etikett, sie tue den Völker Gutes, obwohl es eigentlich um Herrschaft geht. Heute würden wir sagen: Das Image muss stimmen. Das Image verschleiert den wahren Charakter.

Es ist ein hartes Wort Jesu. Und jeder Regierende heute wird dieses Wort wohl entrüstet zurückweisen. Und doch trifft Jesus damit - wie so oft - den Kern des Problems. Wer Macht hat und anstrebt, wird stets versuchen, dies als Dienst für das Wohl der Allgemeinheit darzustellen. Wird versuchen, die Ausübung von Macht und Gewalt als gute Tat darzustellen. Wie gehabt bei unserem - ich sage bewusst: unserem - Engagement beim Krieg im Kosovo.

Ihr aber nicht so! Geradezu wie ein Paukenschlag kommt jetzt das "Nein" Jesu. Und mit diesem Nein entwickelt er ein Gegenbild. Eine Gegenwirklichkeit. "Sondern der Größte unter euch soll sein wie der Jüngste, und der Vornehmste wie ein Diener."

Gemeinschaft im Sinne Jesu ist eine Gemeinschaft, in der es keine Herrschenden und keine Beherrschten gibt. Eine Gemeinschaft, in der jeder jedem zu Diensten ist. Ein Ideal? Martin Luther hat in seiner Schrift "Von der Freiheit eines Christenmenschen" (1520) diesen Gedanken Jesu aufgenommen und ihn als ein Paradox in die berühmten zwei Sätze gepaßt:

"Ein Christenmensch ist ein freier Herr über alle Dinge und niemanden untertan."

"Ein Christenmensch ist ein dienstbarer Knecht aller und niemandem untertan"
und hat in dieser Gegenüberstellung, in diesem Gegensatz die Spannung beschrieben, in der christliche Freiheit sich entfalten kann: in geistlicher Freiheit, die keinen anderen Herrn mehr kennt als Gott allein, und in dienender Freiheit, die sich dem anderen zuwenden kann, ohne über ihn herrschen zu wollen.

Kirche, liebe Gemeinde, sollte eigentlich ein herrschaftsfreier Raum sein, in dem keiner über den anderen Macht oder Einfluss ausübt oder herrscht. Die Wirklichkeit auch in der Kirche sieht anders aus. Auch unter uns gibt es Herrschende und Abhängige. Aber so soll es nicht sein!

Das muss uns immer wieder gesagt werden. Wie sollten wetteifern im Dienen und nicht im Herrschen. Wenn alle einander dienen, gibt es keinen, der sich bedienen lässt. So soll es sein - unter uns. Und auch nicht verteilt auf Männer und Frauen, nach dem Motto: die Frauen machen die Dienste, die Männer bestimmen, wo es lang geht, sondern so, dass jeder jedem zur Seite steht.

Ein Ideal? Sicher. Aber eins, das einen so tiefen Kern von Wahrheit enthält, dass man nur stauen kann, welche Weite sich auftut: Eine Gemeinschaft freier Menschen, die füreinander wechselseitig da sind, die Bedürfnisse der anderen sehen und sich für sie angagieren und dabei zugleich erleben, dass die eigenen Bedürfnisse von den anderen gesehen und respektiert werden.

Es ist nicht überliefert, wie die Jünger auf das Wort Jesu reagiert haben. Aber es gibt im Matthäusevangelium einen anderen Text, der von einer ähnlichen Szene berichtet. Auch hier streiten sich zunächst die Jünger:

Matthäus 18,1-5: Zu derselben Stunde traten die Jünger zu Jesus und fragten: Wer ist doch der Größte im Himmelreich? Jesus rief ein Kind zu sich und stellte es mitten unter sie und sprach: Wahrlich, ich sage euch: Wenn ihr nicht umkehrt und werdet wie die Kinder, so werdet ihr nicht ins Himmelreich kommen. Wer nun sich selbst erniedrigt und wird wie dies Kind, der ist der Größte im Himmelreich. Und wer ein solches Kind aufnimmt in meinem Namen, der nimmt mich auf.

Hier sieht man, wie radikal Jesus die neue Gemeinschaft sieht, in der es keine Großen und Kleinen mehr gibt. Das Kind, das kleinste und zu seiner Zeit aus rechtloseste Wesen, wird zum Größten in den Augen Gottes. Perspektivenwechsel ist angesagt. Kinder nicht nur als

Vorbilder, sondern der Umgang mit Kindern als Zeichen für den Wert, den wir im Himmelreich haben.

In gewisser Weise ist dies eine Umwertung unserer Werte. Trotz 2000 Jahre Christentum sind die Strukturen von Herrschen und Dienen auch in der Kirche unverändert geblieben. Jesus hat das so nicht gewollt. Er wollte eine Gemeinschaft, in der die Kleinen ganz groß, die Erwachsenen wie die Kinder werden sollen. Man kann lange darüber nachdenken, was er damit gemeint hat. Ich denke, er meint damit, dass Kinder, wenn sie auf die Welt kommen, noch nicht an Herrschen und Größe denken. Sie sind umgeben von Großen, die auf sie wie Riesen wirken, und die ungeheuter viel mehr können als sie. Aber sie verlassen sich darauf, dass sie behütet, versorgt, getragen und geliebt werden. Sie leben ein Urvertrauen. Und das ist, so denke ich, für Jesus der springende Punkt: Kinder vertrauen sich rückhaltlos anderen an, sie sind schutzlos, ganz auf andere angewiesen. In diesem Punkt sind sie Vorbilder für den Glauben: Sich rückhaltlos Gott anvertrauen. Schutzlos vor ihn treten - vor ihm nützt alle Größe nichts, ganz auf ihn angewiesen leben, sich von ihm tragen lassen. Ich denke, das Vorbild, das Jesus uns vor Augen stellt, will uns auch an unser eigenes Kindsein erinnern. Wenn ihr als Erwachsene groß sein wollt - dann taucht wieder hinein in die Welt eures eigenen Kindseins, und ihr werdet dort Maßstäbe wiederentdecken, die dem, was Gott für den Umgang unter uns Menschen wünscht, angemessener sind. Jesus nennt dies: Sich selbst erniedrigen und werden wie ein Kind. Sich tief bücken und mit den Augen eines Kindes die Welt schauen. Das ist die Perspektive, aus der man das Himmelreich erblicken kann, zumindest erahnen.

Nachfolgeregelung

Liebe Gemeinde,

Die biblischen Verfasser haben dem Thema Nachfolge und Nachfolger eine hohe theologische und alltagspraktische Bedeutung zugemessen.

Dreimal wird in der Bibel dieses Thema entfaltet:

- Bei der Nachfolge des Mose,
- bei der Nachfolge des Elia und
- bei der Nachfolge Davids.

Jede der drei Gestalten verkörpert eine ganz besondere Form eines Amtes.

- Mose ist Anführer und geistlicher Leiter,
- Elia ist Prophet
- David ist König.

Alle drei Ämter haben sich bis heute in ihren Grundfunktionen erhalten, allerdings werden diese Funktionen heute anders verteilt:

- Als geistliche Leiter können heute Lehrer, Zeitungs- und Medienmacher und auch Pfarrerinnen und Pfarrer gelten.
- Prophetische Funktionen nehmen heute kritische Wissenschaftler, engagierte Bürgerinitiativen und Zukunftsforscher wahr.
- Königliche Funktionen sind heute Regierungsfunktionen mit differenzierter Aufgabenverteilung und Gewaltenteilung.

Aber bei aller Ausdifferenzierung gibt es immer wieder das Problem: Wie wird die Nachfolge geregelt. Heute wird bei sehr vielen Ämtern die Nachfolge durch Wahl, also durch Mehrheitsentscheid der jeweils dafür vorgesehen Gremien, geregelt. Aber das ist keine Garantie dafür, dass die Entscheidungen immer die besten sind. Denn Gruppeninteressen, taktische Erwägungen und Beziehungen prägen oft die Entscheidung.

In der Bibel läuft der Entscheidungsprozeß personaler ab.

Josua ist zunächst ein enger Mitarbeiter des Mose. An keiner Stelle in den Erzählungen der 5 Bücher Mose wird Josua unabhängig von Mose erwähnt. Josua tritt immer nur in Beziehung zu Mose auf. Josua ist zunächst dem Mose zu- und untergeordnet. Aber das ändert sich. Wenn man genau hinschaut und liest, dann kann man sehen, dass Josua vom persönlichen Diener des Mose zunächst zum Kultdiener aufsteigt, dann wird er militärischer Befehlshaber, etwa im Rang eines Leutnants. Die letzte Stufe ist die des Kundschafters. Also eine - immer auf Mose bezogene - allmähliche Bedeutungssteigerung. Ein Hineinwachsen in immer neue Aufgaben und Funktionen. Die Initiative zur Wahl seines Nachfolgers geht von Mose selbst aus (Num 27,12-23). Gott, so erzählt die Bibel, weist Mose auf Josua hin. Und befiehlt ihm, Josua zu ermutigen: "gebiete dem Josua, dass er getrost und unverzagt sei, denn er soll über den Jordan ziehen ..." Am Anfang der Nachfolgeregelung steht die Ermutigung.

Jeder, der eine Nachfolge antritt, braucht Ermutigung. Hier geschieht sie durch Gott selbst.

Merken wir uns diese Botschaft der Bibel gut: Jeder, der eine Nachfolge antritt, braucht Ermutigung.

Mit der Beauftragung gewinnt Josua eine neue Autorität: er ist charismatisch begabt; jetzt hat er einen eigenständigen Rang neben Mose.

Das biblische Konzept der Nachfolge am Beispiel des Josua ist zunächst dies des allmählichen Hineinwachsens in die Verantwortung.

Doch dann, als Mose nicht mehr ist, gewinnt Josua eigenständiges Profil. Er ist derjenige, der das Volk in das Land führt. Er ist der, der Erfolg hat. Er ist der, der die Verheißung letztlich zur Erfüllung führt. Er vollendet mit Bravour, was Mose nur angeleiert hat. Und er leistet Eigenständiges, das sich von dem Tun seines Vorgängers unterscheidet.

Der ideale Nachfolger, das ist das biblische Konzept, steht zwar in Kontinuität zur Arbeit des Vorgängers, aber er soll und muss eigenständig sein und werden und Neues schaffen.

Das Neue, das Josua schafft, ist: Land für sein Volk. Lebensraum bereitstellen und jedem seinen Raum zuordnen.

Die andere biblische Gestalt des Nachfolgers ist die des Elisa. Er ist zunächst Schüler des Elia. Elia macht ihn zu seinem Schüler, indem er ihn aus seinen verwandtschaftlichen Bindungen herausreißt. Das wird dann später von Jesus bei seinen Jüngerberufungen auch so gemacht. Um Nachfolge anzutreten, müssen Bindungen gelöst werden. Man muss heraus aus vertrauten Räumen und Wohnungen, aus lieb gewordenen Beziehungen und eingefahrenen Strukturen.

Elisa ist eine besondere Gestalt. Er bittet an einer Stelle seinen Meister und Lehrer Elia um den Anteil des Erstgeborenen am Geist. Er will also im Geist seines Lehrers und Vorgängers weiterwirken. Aber er will den Geist nicht ganz - das heißt, es soll und muss Raum sein für einen neuen Geist.

Das biblische Konzept der Nachfolge lautet also: zwar soll der Geist des Vorgängers im Nachfolger weiter seinen Platz haben, aber zugleich soll Raum sein für einen neuen Geist. Raum für Neues.

In der Gestalt des Salomo haben wir schließlich den dritten Typ des Nachfolgers. Auch für ihn gilt: er steht in der Kontinuität zu seinem Vorgänger, also seinem Vater David, aber er setzt völlig neue Akzente. Salomo baut einen Tempel. Damit schafft auch er etwas Neues, setzt seine eigenen Schwerpunkte in die Tat um, er fördert Kunst und Kultur, fördert das Sammeln der Weisheits-Sprüche und der Lieder Israels.

Das biblische Konzept der Nachfolge beinhaltet also immer, dass Neues entsteht und gerade in dem Neuen sich Heilvolles ereignet.

Anders als im späteren kirchlichen Denken, das ausschließlich Wert auf Bewahrung der Tradition, apostolische Sukzession und Kontinuität setzte, setzt das biblische Denken den Wert auf Kontinuität und Innovation, auf Bewahren des Bewährten und Schaffen des Neuen in der Gestalt des Nachfolgers. Nicht das Beibehalten ist der Wert an sich, sondern Beibehalten des Guten und Fortentwickeln von Neuem.

Einen ganz neuen Akzent hat das Reden von Nachfolge durch Jesus gewonnen: hier ist Nachfolge nicht mit einem Amt oder einer Funktion verbunden, sondern inhaltlich gedacht: Nachfolger Jesu heißt, in seinem Geist das zu tun, was er tat. Das eröffnet viel Freiheit, denn sein Geist war weitherzig und offen und vorurteilsfrei.

Tragischer Held

Richter 13-16

Wir Menschen brauchen Helden. Im Augenblick sind die Fußballspieler in Portugal für viele Helden. Helden können siegen oder Niederlagen erleiden: Sie bleiben Helden. Helden kämpfen. Das macht eine ihre Besonderheiten aus. Wenn sie für gute Ziele kämpfen, können sie zu Vorbildern werden. Wenn sie für böse Taten stehen, üben sie Faszination aus.
Die Bibel enthält Geschichten von Helden. Der kleine David gegen die großen Goliath. Einer der merkwürdigsten Helden der ganzen Bibel ist Simson. Ein Kraftpaket wie Muhammed Ali, einer der Klitschko-Brüder oder Arnold Schwarzenegger. Der Erzählung steht im Richterbuch, sie spielt unter anderem in der Stadt Gaza, von der wir fast jeden Tag in den Nachrichten hören, damals eine Philisterstadt, heute eine Mischung aus Flüchtlingsstadt und Großstadt der Palästinenser.
Die Simsonerzählung (Ri 13-16) spielt in einer Zeit, in der es noch kein erkennbares israelitisches Staatswesen, sondern nur einzelne Stämme gab, die sich in Auseinandersetzung mit den Philistern befanden. Stellvertretend für ganz Israel führt der Held, Simson, einen einsamen und gewaltigen Kampf voller Brutalität, List und Tragik gegen die Philister.

Die Heldengeschichte beginnt schon vor der *Geburt* des Helden. Im Stamm Dan lebt ein Mann mit Namen Manoach. Er ist verheiratet, aber das Paar bekommt kein Kind. Eines Tages hat die Frau eine aufregende Begegnung: Ihr erscheint ein Gottesbote. Er kündigt ihr die Geburt eines Sohnes an und gibt ihr einen Auftrag: Sie soll während der Schwangerschaft keine unreine Speise essen und jeden Alkohol vermeiden und das Haar des künftigen Kindes nicht zu schneiden.

Es ist absolut außergewöhnlich, dass *die Mutter* zur Enthaltsamkeit von Wein, allen alkoholischen Getränken und von unreinen Speisen aufgefordert wird. Das tut man normalerweise in Israel durch ein freiwilliges Gelübde, nicht aber auf Druck von außen. Der Gottesbote begründet dies damit: "Denn ein Geweihter Gottes soll der Knabe sein ..." Das Verhalten der Mutter soll bereits auf die Besonderheit des kommenden Kindes hinweisen. Damit wird gesagt: Schon vorgeburtlich hat das Kind eine besondere Beziehung zu Gott.

Der biblische Erzähler will damit sagen: das kommende Kind ist vom Mutterleib bis zu seinem Tod ein Geweihter Gottes; der schon vor seiner Geburt ist er durch das Verhalten der Mutter dafür vorbereitet worden, kurz: das kommende Kind wird ein besonderer Mensch sein.

Die Frau berichtet dies ihrem Mann. Der bittet Gott, er möge den Gottesboten noch einmal kommen lassen, damit er sie unterweise, wie der Sohn erzogen werden soll. Der Gottesbote erscheint tatsächlich ein zweites Mal, jedoch wieder der Frau. Sie rennt so schnell sie kann, um ihren Mann zu holen. Manoach kommt und fragt den Gottesboten; dieser, was er der Frau bereits gesagt hatte. Manoach möchte ihn bewirten, indem er ein Tier schlachten möchte, doch der Gottesbote lehnt die Speise ab und fordert Manoach auf, sie als Opfer darzubringen. Manoach will seinen Namen wissen, doch der Gottesbote antwortet geheimnisvoll. Manoach bringt das Opfer dar, und der Gottesbote verschwindet mit dem aufsteigenden Opferrauch; jetzt weiß Manoach, dass die Erscheinung göttlichen Ursprungs war. Die Todesangst, die ihn daraufhin befällt, vermag seine Frau zu beschwichtigen. Der Sohn wird geboren. Sie nennt in Simson, zu deutsch: Sönnchen.

Und was macht der Held, dessen vorgeburtliche Geschichte so außergewöhnlich ist? Er wird in außergewöhnliche Geschichten verwickelt.

Simson will eine Philisterin – sehr zum Kummer seiner Eltern - heiraten. „Warum heiratest du keine aus unserem Volk?“ fragen sie. Simson antwortet: „Die will ich, die finde ich schön“. Schließlich willigen die Eltern ein. Auf dem Weg zu ihr tötet er einen Löwen mit bloßer Hand. Als er einige Zeit später noch einmal an der Stelle vorbeikommt, findet er im Skelett des Löwen Honigwaben. Die Braut und die Brauteltern stimmen der Heirat zu. Die Hochzeit wird mit einem siebentägigen Saufgelage gefeiert, zu dem Simson dreißig philistäische Männer einlädt. Er schließt mit ihnen eine Wette ab, die er schlechterdings nicht verlieren kann. Er gibt ihnen nämlich ein Rätsel auf, dessen Lösung nur er weiß. Es lautet:

"Vom Esser geht Essen aus,
und vom Gewaltigen geht Süßes aus." (14,14)

Können die Philister das Rätsel lösen, dann muss Simson jedem ein Festgewand und ein Unterkleid geben. Sie können es nicht lösen, denn um es lösen zu könne, müssten sie das Erlebnis Simsons vom Honig im Löwenskelett kennen. Die Philister machen sich an Simsons Frau heran, drohen ihr mit dem Verbrennen ihres Vaterhauses. Simsons Frau weint sieben Tage, also während der ganzen Hochzeitsfeier, und wirft ihm vor, er liebe sie nicht. Das hält Simson nicht aus, und er verrät ihr die Lösung.

"Was ist süßer als Honig,
und was ist stärker als ein Löwe?" (14,18)

können ihm nun die Philister sagen. Um seine Wettschuld zu begleichen, tötet Simson dreißig Philister und übergibt ihre Kleider seinen Saufkumpanen. Zornig kehrt er in sein Vaterhaus zurück, und der Leser erfährt, dass sein Schwiegervater seine Frau an einen anderen verheiratet.

Als Simson nach einiger Zeit zu seiner Frau zurückkommen will, erfährt er, was inzwischen geschehen ist. Damit beginnt Kap. 15. Simson rächt sich an den Philistern. Er fängt 300 Füchse, bindet an ihre Schwänze brennende Fackeln und jagt sie in die vor der Ernte stehenden Getreidefelder der Philister. Die Philister verbrennen daraufhin das Haus des ehemaligen Schwiegervaters. Simson antwortet mit einem "großen Schlag" (15,8) und versteckt sich anschließend in Felsenhöhlen. Die Philister wollen ihn fangen, ziehen deshalb gegen die Judäer und setzen sie unter Druck, 3000 Judäer machen sich auf die Suche, finden Simson, schwören ihm, ihn lebend an die Philister auszuliefern und übergeben ihn. Die Philister stimmen schon das Siegesgeschrei an, da zerreißt Simson seine Fesseln und erschlägt 1000 Mann mit einem Eselskinnbacken. Simson, dem Verdursten nahe, ruft zu Gott, und ein Wunder geschieht: Aus dem Backenzahn des Eselskiefern entspringt ein Wasserquell.

Diese kurze Nacherzählung zeigt, dass das gesamte Tun und Ergehen des Simson als Reaktion auf ein ihm zugefügtes Unrecht (die Verheiratung seiner Frau) dargestellt wird. Der Held ist insoweit tragischer Held, als er seine Heldentaten vollbringt in Vergeltung von Unrecht; es ist Reaktion auf Kränkung.

Das letzte Kapitel der Simsonerzählung greift in zwei Varianten das Motiv der Liebe des Helden zu Frauen auf. Er besucht eine Dirne in Gaza, aber auch hier ist er in Lebensgefahr. Die Philister wollen ihn am Morgen beim Verlassen der Stadt ergreifen, Simson aber steht um Mitternacht auf, packt die Stadttore und trägt sie ins Gebirge von Hebron (60 km weit und 800 m hoch!).

Und nun wird die letzte Liebesgeschichte erzählt, die das Schicksal des Helden besiegelt.

Der Held hat ein Geheimnis, nämlich den Ursprung seiner übernatürlichen Kraft. Er weiß zugleich, dass diese Kraft nicht unzerstörbar ist. Der Held ist nicht unverletzlich. Er behält diese Kraft, solange er das Geheimnis ihrer Herkunft bei sich behält. Aber seine Schwäche liegt gerade darin, dass er das Geheimnis nicht behalten kann. Der Erzähler versteht es nun meisterhaft, den allmählichen Prozess des Schwachwerdens Simsons zu gestalten. Seine neue Frau ist Delila aus dem Sorek-Tal. Sie wird von den Fürsten der Philister bestochen, das Geheimnis der Kraft Simson zu ergründen. Delila stellt sich zunächst neugierig: "Sag mir doch, woher deine große Kraft kommt. Womit kann man dich binden und überwältigen?" (16,6). Nachdem sich Simsons erste Antwort als falsch herausgestellt hat, macht Delila das zweite Mal Simson einen massiven Vorwurf: "Du hast mich getäuscht. Du hast mich belogen. Nun sag mir, womit man dich fesseln kann!" (16,10). Dieser Vorwurf ist insofern von besonderer Pikanterie, als ausgerechnet Delila Simson Betrug vorwirft, wo sie doch selber mit eben diesem Vorwurf Simson zu betrügen versucht, denn sie handelt ja im Auftrag der Philister. Das dritte Mal verschärft sich der Vorwurf: "Bis jetzt hast du mich getäuscht und mich belogen. Sag mir, wodurch man dich fesseln kann" (16,13). Beim vierten Mal schließlich kommt der schwerste Vorwurf: "Wie kannst du sagen »ich liebe dich«, wo doch dein Herz nicht bei mir ist (d.h. mir nicht vertraust). Dreimal hast du mich getäuscht, du hast mir nicht gesagt, woher deine große Kraft kommt" (16,15). Am Ende ist es das nicht enden wollende Drängen, das Simson das Leben unerträglich macht. Diese Verbindung von Unerträglichwerden des Zusammenlebens und dem Vorwurf "Du liebst mich nicht" ist es auch, was Simson dazu bewegt, seiner ersten Frau die Lösung des Rätsels zu sagen: "Du verachtest mich nur und liebst mich nicht ... da weinte sie an seinem Hals sieben Tage, während sie doch ihr Hochzeitsgelage hatten" (14,16f). Die Tragik des Helden liegt darin, dass in seiner intimsten Beziehung der Kampf weitergeht, der sich in seinem Leben nach außen in Gewalttaten vollzieht. Selbst in den Armen geliebter Frauen findet er keine Ruhe. Deutlich wird hier fassbar, dass die Simsonerzählung Männerliteratur ist, die sich Konfliktmotive bedient, die an realen Erfahrungen oder Erfahrungsstereotypen anzuknüpfen bemüht sind. Hier ist es das Motiv von der betrügerischen Frau, die durch Vorwürfe und ständig wiederholtes Drängen das Leben unerträglich macht.

Um zu verstehen, warum eine solch Heldenerzählung in der Bibel überliefert wird, muss man verstehen, welche Bedeutung Heldenerzählungen für Menschen und Völker haben. Welche Erfahrungen wurden durch die Heldenerzählungen tradiert? Warum wurden sie weitererzählt? Lässt sich eventuell sogar etwas über die Menschengruppen sagen, die an diesem Überlieferungsprozess beteiligt waren?

Nun ist spannend zu sehen, dass im Alten Orient bereits seit dem 3. Jahrtausend vor Christus Heldenerzählungen existieren, die von einem Helden mit sieben Locken erzählen. Daran kann man sehen, dass der Heldenerzählung des Simson eine lange, fast zweitausendjährige Geschichte von Heroenerzählungen und bildlichen Darstellungen im Zweistromland vorausgegangen ist. In den Heldenerzählungen werden offenkundig Menschheitserfahrungen aus einer langen Vorzeit verarbeitet. Dieses Menschheitserfahrungen ranken sich um die Probleme des individuellen Widerstands, der Gewalt, der Rache, aber auch um das Umgehen mit Unterlegenheit gegenüber einer höheren Kultur. Es geht in ihnen ferner um die Probleme der Beziehungen zu Frauen, um Potenz, um Treue und um Verrat. Es sind also recht grundlegende und elementare Erfahrungen, die sich in den Heldenerzählungen widerspiegeln. Nicht zuletzt geht es um das Problem des Scheiterns, vor allem das tragische Scheitern. Die Volkstümlichkeit des Helden ist dann wohl darin zu suchen, dass er als Identifikationsfigur für die je eigenen Erfahrungen in diesen Bereichen dienen kann. Der Held wird dadurch zum Volksheld, dass sich in ihm Identifikationsmöglichkeiten für die Bewältigung von Problemen elementarer Art anbieten.

Zunächst ist auffallend, dass die Simsonüberlieferung sowohl von der Geburt als auch von dem Tod der Hauptgestalt erzählt. Dies ist nur bei wenigen Männern in der Bibel der Fall, bei Frauen nirgends. Dieser schlichte Tatbestand ist ein Zeichen dafür, dass diesen Gestalten eine besondere, herausragende Bedeutung zugemessen wurde. Im Alten Testament werden Geburt und Tod nur von Abraham, Isaak, Jakob, Mose, Simson, Samuel und Salomo erzählerisch tradiert, im Neuen Testament von Johannes dem Täufer und Jesus. Fragt man nach der Bedeutung dieser Männer in der Tradition, so lässt sich unschwer erkennen, dass sie mit herausragenden Vorgängen in der Geschichte Israels verbunden sind. Abraham ist Stammvater des Volkes und Segensträger. Isaak ist der Verheißungsträger, durch dessen Geburt die göttliche Verheißung an Abraham Wirklichkeit wird. Jakob ist der Vater der 12 Stämme und verkörpert die ideale Einheit und Identität des Volkes Israel. Mose ist nicht nur Erretter aus der ägyptischen Fron, sondern auch Gesetzgeber und Mittler zwischen Gott und Volk. Samuel ist der Begründer des Königtums, der letzte Repräsentant der Richterzeit und der Initiator der neuen Staatsorganisation. Salomo schließlich ist der Erbauer des Tempels. Blicken wir ins Neue Testament, so ist Johannes der Täufer der Vorläufer des Messias und Verkünder des kommenden Reiches Gottes, Jesus der erhoffte Messias selbst. Wie reiht sich dann aber die Simsongestalt in diese prominente Schar ein? Welche Bedeutung kommt ihm zu, dass die Tradition an seiner Geburt und seinem Tod so auffallend interessiert ist? Diese Frage gewinnt noch dadurch ein besonderes Gewicht, dass von Simson nicht nur die Geburt, sondern eine Geburts*vor*geschichte überliefert ist. Dies findet wir so nur noch in den beiden neutestamentlichen Geburtsankündigungen an die Mutter des Täufers Johannes, Elisabeth, und an die Mutter Jesu, Maria.

Was aber ist das besondere an Simson? Eine Antwort auf diese Frage gibt der Gottesbote. Er sagt: "... Er wird anfangen, Israel aus der Gewalt der Philister zu befreien". Das Entscheidende liegt in diesem Wörtchen "anfangen"). Mit Simson *beginnt* der Kampf gegen die Philister. *Der Anfang der Geschichte der Befreiung Israels von fremden Herren lag bei Simson*, das Ende nach alttestamentlicher Vorstellung bei David, nach neutestamentlicher Vorstellung bei Jesus Christus, denn mit dem Beginn der Gottesherrschaft endet faktisch die

Römerherrschaft. *Simson verkörpert den Anfangspunkt dieser Entwicklung.* Mit dem Held beginnt Neues. Mit dem Held beginnt das Ende alter Herrschaft. Helden haben etwas mit dem Kampf um Freiheit zu tun. Das ist die Menschheitssehnsucht, in die sich jede Generation auch wieder neu einschreibt. Mit der Heldenverehrung verbindet sich also auch immer die Hoffnung, dass Neues geschieht. Und es verbindet sich mit ihm, dass er all das für sich und seine Person löst, was man selber gern lösen möchte und nicht oder nur schlecht kann: die Probleme im Bereich von Stärke, Dominanz, Gewalt, Rache, Unterlegenheit, Beziehungen, Treue, Verrat, Scheitern, aber auch von politischem Widerstand.

Wir haben schon gehört, dass Motive aus der Simsonüberlieferung in die Jesusüberlieferung eingeflossen sind. Auch die Mutter Jesu hat eine vorgeburtliche Engelerscheinung. Auch ihr wird die künftige Bedeutung des Kindes vorausgesagt. Er kämpft gegen den Satan und die religiösen und politischen Machthaber mit der Schärfe des Wortes. Er muss einen tragischen Todeskampf durchstehen. Jesus unterscheidet sich in einem aber grundsätzlich von Simson: Er besiegt den Tod selber. Darum ist Jesus Christus vor allem in Osterliedern immer wieder als Held gefeiert und besungen worden. Das heißt: auch wir in der Kirche haben einen Held.

Nicht so einen Held wie diesen hier: einen Action Man oder Power Agent. Solche Helden werden heute vermarktet und werden von ihren kleinen Fans im Kindergarten und in der Grundschule verehrt. Wir verehren einen Held, der durch Hölle und Tod hindurchgegangen ist und beide besiegt hat: Vielleicht fehlt uns heute ein Stück dieser Heldenverehrung Christi, denn sie würde uns stark machen gegen den Tod. Seine Auferstehung, als die große Heldentat Gottes, ist die großartigste Tat, die nur ein einziger Held erfochten und erlebt hat. Vielleicht ist die Heldenverehrung deshalb aus der Kirche ausgewandert und hat sich auf andere Helden konzentriert, weil wir in der Kirche nicht mehr den Mut gehabt haben, in den Osterjubel in unserem Alltag einzustimmen, den die Alte Kirche unbefangen singen konnte:

„O Wunder groß, o starker Held!
Wo ist ein Feind, den er nicht fällt?
Kein Angststein liegt so schwer auf mir,
er wälzt ihn von des Herzens Tür. Halleluja." (EG 111,11)

„Er war ins Grab gesenket,
der Feind trieb groß Geschrei,
eh er´s vermeint und denket,
ist Christus wieder Freitag und ruft Viktoria,

schwingt fröhlich hier und da
sein Fähnlein als ein Held,
der Feld und Mut behält.“ (EG 112,2)

Wahnsinn

Matthäus 8,28-34

Liebe Gemeinde von Mitarbeiterinnen und Mitarbeitern im und am Haus „Kirche“,
durch Krisen in modernen Gesellschaft lernt man sehr viel. Zum Beispiel lernt man das Funktionieren der Nahrungskette. gewusst hat man es ja irgendwie schon seit der Schule. Aber dass man Schafe schlachtet und zu Mehl verarbeitet und dieses dann verschleiernd Tiermehl nennt, wissen wir erst seit kurzem. Und dass man dann dieses „Mehl“ vegetarischen Pflanzenfressern ins Futter mischt, wissen wir Verbraucher erst seit einigen Jahren. Und dass sich dann die vielleicht für Schafe ungefährlichen Krankheitserreger, die in ihnen steckten und jetzt im „Mehl“, verwandeln zu wahnsinnig machenden Killerzeller, dass wissen wir erst seit sehr kurzer Zeit. Und wenn der Mensch dann als letztes Glied der Nahrungskette das infizierte Fleisch isst, dann kann es passieren, dass er krank wird. Und diese Krankheit macht im buchstäblichen Sinn wahnsinnig.

Nun wäre ja kein vernünftiger Mensch normalerweise auf die Idee gekommen, Kühe mit Schafsfleisch zu füttern, da müsste man ja schon ziemlich verrückt sein.

Nun, wir haben jetzt gelernt, was BSE bedeutet. Wir haben jetzt gelernt, dass es Menschen gibt, die es wirtschaftlich für vernünftig hielten, das Tiermehl in die Nahrungskette von Vegetariern zu bringen. Und wir haben gelernt, was „keulen“ heißt. Das Vernichten einer Herde, von der sich ein Mitglied mit dem BSE-Erreger infiziert hat. Sozusagen ein kollektives Schlachten von - vielleicht - unschuldigen Opfertieren.

Merken Sie etwas? Wir sind auf einmal mitten in Begriffen, die in der Bibel vorkommen. Opfer, Schlachten, Wahnsinn...

Es war der SPIEGEL, der eine - infame - Verbindung herstellte zwischen der Bibel und dem Keulen. Er schrieb: Schon der Rabbi Jesus kannte das Keulen: er trieb eine ganze Herde Schweine in den kollektiven Untergang, obwohl die Tiere unschuldig waren.

Ja, die Kritiker von Religion und Kirche kennen die Bibel meist recht gut - nur ihre Auslegung ist etwas einseitig.

Gerade für heute - mitten in die BSE - Krise hinein - ist nach der Leseordnung der Michaelsbruderschaft die Erzählung von der Schweineherde als Lesetext für den heutigen Tag vorgesehen. Ich lese Matthäus 8, Verse 28-34:

Und er (Jesus) kam ans andre Ufer in die Gegend der Gadarener. Da liefen ihm entgegen zwei Besessene; die kamen aus den Grabhöhlen und waren sehr gefährlich, so dass niemand diese Straße gehen konnte. Und siehe, sie schrien: „Was willst du von uns, du Sohn Gottes? Bist du hergekommen, uns zu quälen, ehe es Zeit ist?“ Es war aber fern von ihnen eine große Herde Säue auf der Weide. Da baten ihn die bösen Geister und sprachen: „Willst du uns austreiben, so lass uns in die Herde Säue fahren.“
Und er sprach: „Fahrt aus!“
Da fuhren sie aus und fuhren in die Säue. Und siehe, die ganze Herde stürmte den Abhang hinunter in den See, und sie ersoffen im Wasser. Und die Hirten flohen und gingen hin in die Stadt und berichteten das alles und wie es den Besessenen ergangen war.
Und siehe, da ging die ganze Stadt hinaus Jesus entgegen. Und als sie ihn sahen, baten sie ihn, dass er ihr Gebiet verlasse.

Diese Erzählung ist, wie alle biblischen Erzählungen, so vielschichtig und tiefgründig, dass ich sie in der Kürze der Zeit gar nicht ausschöpfen kann. Ich will mich auf einige Aspekte beschränken.

1. Man weiß immer nie genau: reden hier die zwei Besessenen oder die Dämonen? Jedenfalls sind die beiden Besessenen furchterregend - was immer sie für eine Krankheit hatten, sie hatte sie aggressiv und darum gefährlich gemacht, die Menschen hatten Angst vor ihnen. Und diese angsterregenden Wesen haben plötzlich selber Angst. Vor Jesus. Vielleicht kann man daraus lernen, dass die, die anderen Angst machen, selber Angsthasen sind - oder sein können.
2. Die Dämonen - oder die Besessenen - wissen, wer Jesus ist. Sohn Gottes. Fast nie in den Evangelien - Ausnahmen bestätigen die Regel - sagen Menschen zu Jesus: Du bist der Sohn Gottes. Die beiden Wahnsinnigen wissen es - oder der Geist, der in ihnen steckt.
3. Die Dämonen, die die Menschen quälen, haben Angst davor, gequält zu werden. Offenbar ist sich das Böse seiner selbst bewusst. Sie wissen auch, was mit ihnen geschieht. Jesus treibt sie aus. Heraus aus den Menschen.
4. Jesus erfüllt die Bitte der Dämonen. Warum? Sie selber wünschen, in die Herde Säue zu fahren. Es ist eben nicht die Idee Jesu. Hier irrt der SPIEGEL. Es ist die Idee der Dämonen. Wissen sie selbst, dass sie unrein sind? Säue sind ja unreine Tiere. Für Juden nicht zum Verzehr geeignet. Es ist nicht so, dass Jesus sie in die Unreinheit treibt. Sie

selber schlagen das vor. Ist es ein Stück Seelenverwandtschaft: Dämonie und Unreinheit sind verwandt? Wahnsinn bei Tieren als Folge von Wahnsinn von Menschen?

5. Wollte Jesus, dass die Säue ertrinken oder ergab sich das als Folge des Wahnsinns, der in Form von Dämonen in sie gefahren war? Eine schwierige Frage, die einen in gehörige Theodizeeprobleme (wie kann Gott so etwas Grausames den armen Tieren tun?) führt, wenn man es nicht bei der Erzählung belässt: sie erzählt einfach die Folge von dem Wechsel der aggressiven Geister in die Tiere. Zugleich entlarvt sich für mich jedenfalls darin der wahre Charakter der Dämonen: sie sind zerstörerisch, vernichten Leben: das ist ihr Gesicht.
6. Die Menschen kriegen jetzt Angst. Nicht mehr vor den beiden Besessenen, deren Aggressivität ist in den Abgrund gefallen, sondern vor Jesus. Die Angst vor den Besessenen wandelt sich in eine Angst vor Jesus! Das ist schier wahnsinnig. Der, der heilt, gilt jetzt als unheil-voll. Der, der von den bösen Geistern befreit, wird gemieden wie ein böser Geist.

Sie sehen, die Wertmaßstäbe geraten durcheinander. Bei den Menschen. Erst haben sie Angst vor dem Wahnsinn, dann vor dem, der den Wahnsinn vertreibt.

Mal sehen, wie es bei uns mit dem Wahnsinn weitergeht.

Aber die Geister wissen, mit wem sie es zu tun haben. Sollten etwa die bösen Geistern mehr verstehen als wir? Das wäre doch wahnsinnig, oder? Wir sollten es besser oder zumindest genauso gut wissen wie die Geister: Du bist der Sohn Gottes, Jesus. Wo Du auftrittst, muss der Wahnsinn weichen, denn Du willst heilen.

Diakonie

Ezechiel 34,16

Ez 34,16 "Ich will das Verwundete verbinden und das Schwache stärken", spricht Gott der Herr.

Gottesdienst anlässlich des 20jährigen Bestehens der ökumenischen Sozialstationen in Mosbach

Liebe Festgemeinde,
ein Gotteswort, überliefert vom Propheten Ezechiel, steht als Leitwort über dem Fest, das wir heute feiern, weil die beiden Sozialstationen der Kirchen ihr 20jähriges Bestehen feiern: "Ich will das Verwundete verbinden und das Schwache stärken", spricht Gott der Herr. Dieses Wort wurde in eine Zeit hinein gesagt, als das Volk Gottes die bis dahin schlimmste Zeit seiner Geschichte erlebte: Krieg und Zerstörung des Staates, der Hauptstadt Jerusalem, Deportation der Bevölkerung ins Exil. Was man, liest man die Bibeltexte genau, auch herauslesen kann, ist das Leid der Menschen: Kriegsbedingte Verletzungen, nicht behandelte Wunden, qualvolles Leiden verstümmelter Menschen, Angst und Entsetzen schwangerer Frauen auf den endlosen Fußmärschen durch die syrische Wüste, Sterben der Alten, unbetrauert und ungepflegt. In diese Situation herein ergeht das Wort des Propheten als ermutigendes Hoffnungswort, verbunden mit einer Verheißung der Rückkehr in die verlorene Heimat: "Ich will das Verlorene wieder suchen und das Verirrte zurückbringen und das Verwundete verbinden und das Schwache stärken." Es heißt nicht: die Verwundeten, die Schwachen, sondern das Verwundete, das Schwache. Damit ist, so verstehe ich es, nicht nur der Körper, sondern die Seele mit gemeint, alles, was verwundet ist an Leib und Seele, alles, was schwach ist an Körper und Geist.
Hier sind wir bei der *ersten* Wurzel alles diakonischen und caritativen Tuns: sie liegt in Gottes Zuwendung begründet, die dem Verwundeten und dem Schwachen gilt.
Ich komme dann gleich zu der *zweiten* Wurzel alles diakonischen und caritativen Tuns: sie liegt in Jesu Zuwendung begründet, die den Kranken, Armen, Ausgegrenzten und seelisch Bedrückten gilt.

Das Auftreten Jesu nach dem ältesten Evangelium des Neuen Testaments, dem des Markus, umfasst von Anfang an zweierlei: Die Predigt vom Reich Gottes und das Heilen. Wort und Tat, Seele und Körper, sind damit eine unlösliche Einheit für Jesus. Er heilt als allererste die Schwiegermutter des Petrus vom Fieber, er heilt Besessene und Kranken, er heilt einen Aussätzigen, einen Gelähmte, er heilt Epileptiker und Blinde - um nur einige zu nennen. Dieses Heilen ist immer ganzheitlich, der Körper wird gesund und die Seele heil. Darum ist sein Heilen oft verbunden mit der Sündenvergebung: Die Geschichte, die zur Krankheit führte, und die oft eine Geschichte von Schuldverstrickung und Versagen ist, ist bei Jesus mit im Blick; die Sündenvergebung ist so etwas wie eine Befreiung vom Ballast der eigenen Lebensgeschichte, ist seelsorglicher Zuspruch, Befreiung von Last und psychosomatische Therapie in einem.

Die *dritte* Wurzel liegt in Jesu radikaler Eschatologie: Die Frage nach ewigem Heil oder Unheil entscheidet sich an der Art und Weise, wie wir Menschen mit denen unter uns umgehen, die arm, hungrig, durstig, nackt, krank, einsam oder gefangen sind. Sie alle kennen dieses großartige Gleichnis vom himmlischen König, der die Menschen vor seinem Thron in zwei Gruppen teilt: in die, die den Ärmsten der Armen geholfen haben und in die, die Hilfe verweigert haben, gipfelnd in dem Wort Jesu: "Was ihr getan habt einem von diesen meinen geringsten Brüdern, das habt ihr mir getan." Jesu Praxis und Jesu Gleichnisse sind also die zwei christologischen Wurzeln des caritativen Handelns, der Diakonie. Ich will nur zwei dieser Gleichnisse noch nennen: Das Gleichnis vom Samariter, der - anders als Priester und Levit - dem, der unter die Räuber fiel, zum Nächsten wurde, und das Gleichnis vom armen Lazarus, dessen Hungerödeme von Hunden geleckt wurden, während der Reiche in Saus und Braus lebte, ohne den armen Bruder zu sehen, also ihn in seinem Leid wahrzunehmen und sich bewegen, erschüttern zu lassen.

Leid wahrnehmen, sich erschüttern lassen, und das Nötige tun, um Leid zu lindern - dieses Vorbild hat uns Jesus gegeben in Wort und Tat, in seiner Praxis und in seiner Predigt.

Die *letzte* Wurzel schließlich ist die Praxis der Urgemeinde, aus der sich dann die Praxis der Kirche entwickelt hat. Sie hat die Praxis Jesu fortzuleben versucht: von Petrus und Paulus ist, wie von Jesus, überliefert, dass sie geheilt und gepredigt haben; sie gingen zu den Kranken, aber die Kranken wurden auch zu ihnen gebracht. Daneben hat die Urgemeinde zwei Pfeiler ihres Diakonats oder ihrer caritativen Arbeit gehabt: die Kollekte und Armenpflege. Schon der Apostel Paulus hat zu einer Kollekte für die verarmten Schwestern und Brüder in Palästina aufgefordert ("einen fröhlichen Geber hat Gott lieb") und es ist überliefert in der Apostelgeschichte in Kapitel 6, dass 7 Männer eingesetzt wurden, die für die tägliche

Speisung der Verarmten zu sorgen hatten, insbesondere die Witwen. Ein Unterschied von damals zu heute: Die Apostel waren Laien, unausgebildet in der Heil- und Pflegekunde, heute wird ihre Arbeit von qualifizierten Pflegekräften geleistet. Was geblieben ist: Der Weg zum Kranken. Jeden Tag machen sich Menschen auf, um in die Häuser zu gehen, um zu betten und pflegen, Spritzen zu injizieren oder zu verbinden, zu begleiten in den letzten Stunden des Lebens. Deren Dienst wird heute Nachmittag im Blick sein und im Mittelpunkt stehen - wir wollen hier in diesem Gottesdienst über die Wurzel nachdenken: Gottes Parteinahme für das Schwache und Verwundete. Er hat uns damit eine Richtschnur, einen Wegweiser für ein sinnerfülltes Lebensziel gegeben: Meine Kraft einsetzen, um andern Leben zu erhalten. Darum wollen wir Gott bitten, dass alle, die den schweren Dienst am kranken und pflegebedürftigen Nächsten tun, aus von ihm tägliche die Kraft bekommen, die sie für ihren Dienst brauchen.

Printed by Books on Demand GmbH, Norderstedt / Germany